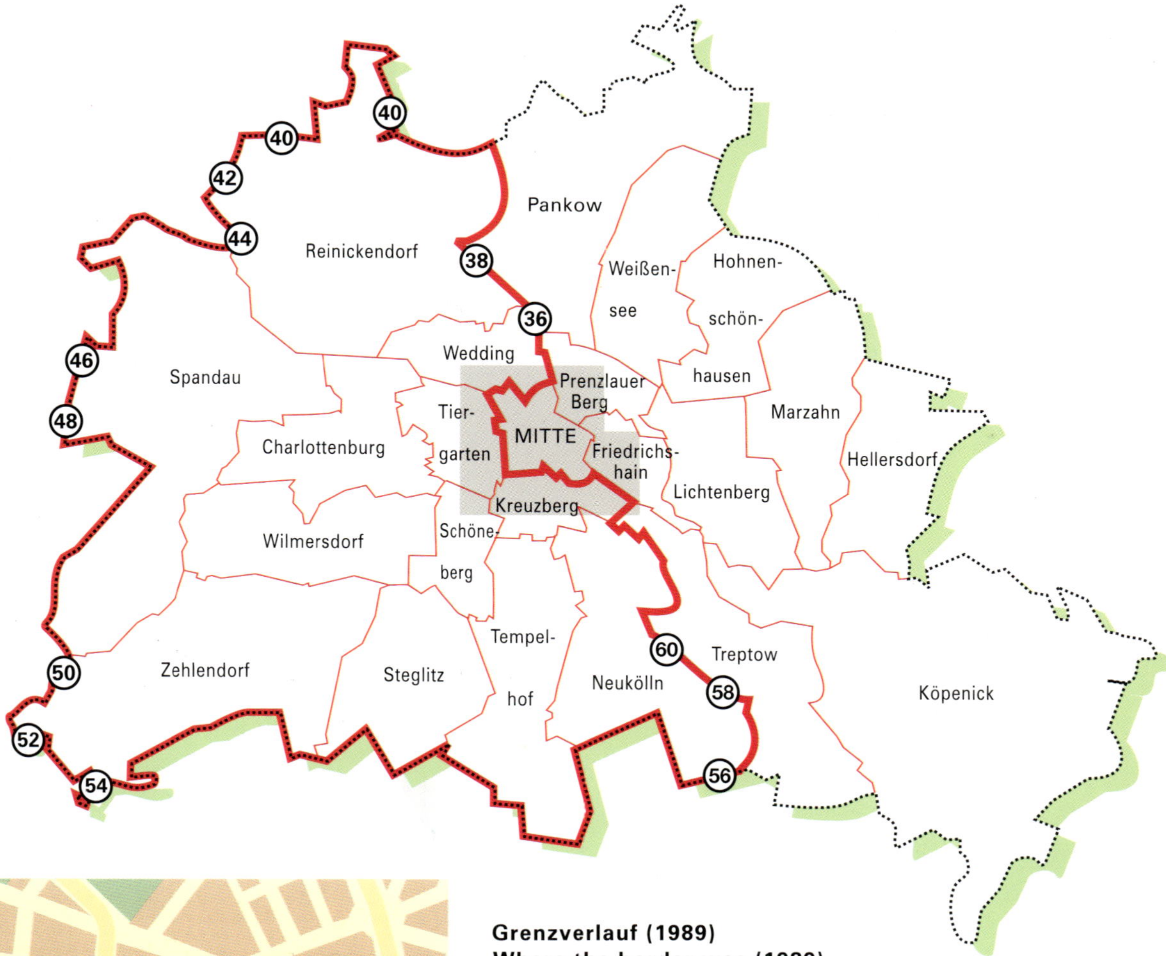

Grenzverlauf (1989)
Where the border was (1989)
Lassage de la frontière (1989)

Grenzübergänge
Crossing points
Postes frontière

Mauerdenkmale
Wall memorials
Monuments commémoratifs du mur

Die Zahlen in Kreisen beziehen sich auf die Seiten im Buch (12)

The numbers in
pages in the

Les chiffres dar
pondent aux

Bezirksgrenzen
Borders betweel
Limites des quartiers

Wo stand die Mauer in Berlin?

Where was the Wall in Berlin?

Où se trouvait le Mur de Berlin?

Texte: Gabriele Camphausen (Essay)
und Christian Bahr
Fotos: Günter Schneider

Jaron Verlag

Komplett revidierte Ausgabe
2. Auflage dieser Ausgabe 2008

Die Originalausgabe erschien 1999 unter dem Titel
„Eine Stadt wächst zusammen“ im Jaron Verlag.

www.jaron-verlag.de
Übersetzungen: Victor Dewsbery, Berlin, Miriamne Fields, Berlin (englisch),
Françoise Hynek, Berlin, Claire-Anne Rolland, Berlin (französisch)
Bildrecherche: Doris Liebermann, Berlin
Karte auf Vor- und Nachsatz (Berlin 2007 mit Grenzverlauf von 1989):
Matthias Frach, Berlin
Umschlaggestaltung: Atelier Kattner, Berlin, unter Verwendung von Fotos von Günter Schneider (vorn großes Foto: Brandenburger Tor und Umgebung 2004, hinten: Leipziger Platz 2007) und des Landesarchivs Berlin (vorn kleines Foto: Brandenburger Tor und Umgebung 1962)
Satz: LVD GmbH, Berlin
Druck und Bindung: Westermann Druck Zwickau

ISBN 978-3-89773-504-0

Was aus der Berliner Mauer wurde

Ein Essay

In der Nacht zum 13. August 1961 begannen Soldaten der Nationalen Volksarmee und Angehörige der Deutschen Volkspolizei, unterstützt von SED-Kampfgruppen und Pioniereinheiten mit der Abriegelung Ost-Berlins und des Umlands nach West-Berlin hin. Mit dieser Gewaltaktion versuchte die SED-Führung, die Massenflucht von DDR-Bürgern in den Westen zu unterbinden – eine Fluchtbewegung, die die Existenz des SED-Staates zunehmend in Frage stellte.
Die Grenze wurde hermetisch abgeriegelt – zunächst durch Stacheldraht, Holzbarrikaden und Panzersperren, nach wenigen Tagen durch eine gemauerte Sperranlage. Die „Berliner Mauer" entstand. Hinter dem Begriff Mauer verbarg sich in der Realität ein umfangreicher Sperrgebietskomplex, der aus einer Grenzmauer (Richtung West-Berlin) und einer vom SED-Regime „Hinterlandsicherungsmauer" genannten Mauerlinie (Richtung Ost-Berlin) bestand, dazwischen befand sich ein breiter Grenzstreifen mit Kolonnenweg, Kontroll- und Schutzstreifen, Beobachtungstürmen, Signalzaun- und Beleuchtungsanlagen und weiteren Sperrbefestigungen. Das Grenzsystem wurde in mehreren Schritten verändert und verschärft, ab 1975/76 schließlich durch die modernisierte Mauerform aus Fertigbetonteilen ersetzt. 155 Kilometer zog sich die Mauer um Berlin, 127 Kilometer Zaunanlagen und 302 Beobachtungstürme wurden errichtet. Dennoch versuchten auch nach dem Mauerbau noch Tausende die Flucht aus dem Osten in den westlichen Teil der Stadt. Etwa 130 Menschen verloren dabei ihr Leben, die meisten durch Schüsse von DDR-Grenzsoldaten.

28 Jahre liegen zwischen dem Beginn des Mauerbaus und dem Fall der Mauer – Jahre, die langfristige Folgen bewirkt haben: sichtbare wie fühlbare, gegenständliche wie geistige, gesellschaftliche wie individuelle. Die Berliner Mauer brachte vieles abrupt zum Stillstand. Sie war nicht nur eine bauliche Sperre zwischen zwei Stadthälften, sie wurde auch zu einer politischen, mentalen und sozialen Grenze. Sie unterbrach private, familiäre und berufliche Beziehungen, sie zerstörte Lebenswege und -räume. Sie stellte den brutalen Versuch der SED dar, ihre Herrschaft aufrechtzuerhalten, und gilt zu Recht als Symbol menschenrechtswidriger Politik.
Schock und Empörung nach dem Mauerbau waren groß. Die zunächst noch erhoffte rasche Rücknahme der Absperrung erfolgte nicht, das Unfassbare blieb bestehen. Ende der sechziger Jahre wich, zumindest im Westen, die direkte Auseinandersetzung mit der Mauer allmählich dem neuen Kurs der Entspannungspolitik. Man versuchte, mit dem Bestehenden zurechtzukommen und es zugleich zu mildern. In diesem Klima, das aus einem offensichtlichen Bedürf-

What became of the Berlin Wall

An Essay

On the night leading into August 13, 1961, soldiers of the National People's Army and members of the German People's Police, with the support of SED combat groups and pioneer units, began to close off East Berlin and the surrounding area facing West Berlin. This hostile undertaking was an attempt by the SED leadership to put a stop to the huge number of East German citizens fleeing to the West. The border was hermetically sealed, first with barbed wire, wooden barricades and anti-tank obstacles, and a few days later with a brick barrier. The "Berlin Wall" came into existence.
The term "Wall" actually represented an extensive prohibited area consisting of a border wall (facing West Berlin) and a wall line (facing East Berlin), called the "Hinterland Security Wall." Between them lay a wide border strip with a guards' road, a control and protective strip, watch towers, a signal fence and lighting. The border system was progressively altered and fortified. It was finally replaced by a modernized wall made up of prefabricated concrete sections in 1975 and 1976. More than 155 kilometers of Wall encircled Berlin; 127 kilometers of fencing and 302 watch towers were also erected. But even after the Wall was built, thousands still tried to escape from East to West Berlin.
Twenty-eight years lay between the Wall's construction and its fall. The Berlin Wall ended a great deal of human activity. It was not only a structural barrier between two

Ce qu'est devenu le Mur de Berlin

Essai

Dans la nuit du 13 août 1961, des soldats de l'Armée Populaire et des membres de la Police Populaire, soutenus par les Groupes de combat du SED et les unités de »pionniers« commencèrent à encercler Berlin-Ouest à partir de Berlin-Est et ses environs. La direction du SED tenta par ce coup de force d'endiguer la fuite massive vers l'Ouest des citoyens de la RDA. La frontière hermétiquement verrouillée – à l'aide de barbelés, de barricades de bois et de barrages antichars d'abord, puis, quelques jours plus tard, par un barrage en maçonnerie. Le »Mur de Berlin« était né.
Derrière le mot mur se cachait en réalité un immense complexe de zone interdite, comprenant un mur frontalier (côté Berlin-Ouest) et un mur appelé »mur de protection de l'arrière pays« (côté Berlin-Est), au milieu desquels se trouvait une large bande frontière, qui comportait un chemin de ronde, une bande de contrôle, une bande défensive, des miradors, une clôture de signalisation et des installations d'éclairage. Le système frontalier fut modifié et renforcé en plusieurs étapes, puis finalement à partir de 1975/76, remplacés par un mur en béton préfabriqué. Le mur autour de Berlin s'étendait sur plus de 155 kilomètres, 127 kilomètres de clôtures et 302 tours d'observation furent érigées. Et pourtant des milliers de personnes tentèrent, même après la construction du mur, de fuir de Berlin-Est vers l'Ouest.
28 années se sont écoulées entre le début de la construction du mur et

nis nach Ruhe und Ausgleich resultierte, das allerdings auch Missstände und Unrecht ignorieren half, haben sich viele mit der Mauer arrangiert. Sie wurde, trotz aller Trauer, Wut und Ablehnung, für viele zu einem Gegenstand des Alltags, ungeliebt, aber vorhanden.

Der Überschwang an Emotionen nach dem Mauerfall zeigt jedoch, wie stark der Unmut und Unwille unterschwellig geblieben waren. So forderten denn auch viele in Ost wie West nach dem 9. November 1989 zunächst die restlose Beseitigung der Mauer. Für eine Sicherung historischer Mauerspuren im Stadtbild fanden sich nur vereinzelte Befürworter. Man wollte den Blick nach vorn richten, den wiedergewonnenen gesamtstädtischen Bewegungsraum gestalten und die Bruchstellen der Teilung überwinden – ohne unbequeme Rücksicht auf das Vergangene. Eine verständliche Sehnsucht, der es jedoch leider an historischer Sensibilität und Weitsicht mangelte. Erst in den letzten Jahren zeichnet sich ein Wandel ab: Mit dem 40. Jahrestag des Mauerbaus im August 2001 und insbesondere dem 50. Jahrestag des Volksaufstands vom 17. Juni 1953 rückte die Geschichte der deutschen Teilung zunehmend in den Fokus der Öffentlichkeit. 2005/2006 formulierten der Deutsche Bundestag sowie der Senat und das Abgeordnetenhaus von Berlin ein klares Bekenntnis für einen aktiven und verantwortungsvollen Umgang mit der Mauergeschichte. Das Ergebnis dieses Kurswechsels ist das im Sommer 2006 vorgelegte Gesamtkonzept Berliner Mauer, das die neuen Zielmarken definiert: Bewahrung und Erläuterung der überlieferten Sachzeugnisse, Vernetzung und Ausbau der mauergeschichtlichen Angebote. Auch die verschiedenen vorhandenen Ansätze zur Mauerkennzeichnung werden künftig stärker miteinander verknüpft: die doppelreihige Backsteinlinie im Straßenland, die künstlerischen Zeichen an den ehemaligen Grenzübergängen, die Informationstafeln „Geschichtsmeile Berliner Mauer“, die Ausschilderung der ehemaligen Mauerlinie in und um Berlin sowie der jüngst eröffnete Mauerweg mit 15 Erläuterungsstationen. Einen virtuellen Rundgang ermöglicht die neue, detailreiche Website des Landes Berlin zur Berliner Mauer.
Es tut sich viel. Doch bis dahin war es ein weiter Weg. Und wie schwierig und konflikthaft der Prozess des Erinnerns und Gedenkens ist, zeigen die selbst nach fast zwei Jahrzehnten oftmals heftigen öffentlichen Debatten. Wie sollen wir mit der Geschichte der Berliner Mauer umgehen, wie sie vermitteln?

Bernauer Straße 15. 8. 1961

Checkpoint Charlie 27. 10. 1961

halves of the city, but a political, mental and social barrier. It severed private, family and professional relationships and destroyed lives and living environments.
The construction of the Wall gave rise to shock and protest. But the initial expectation that the barrier would soon be removed proved wrong – the unfathomable became permanent. Direct confrontation over the subject of the Wall in the West gradually gave way to the new policy of détente in the late 1960 s. People tried both to live with and mitigate the situation as many became reconciled to the Wall.
The exuberant emotions released by the fall of the Wall showed how strong the resentment and indignation had lingered under the surface. After November 9, 1989, many people in both the East and the West called for the removal of the entire Wall.
Only during the last decade did a change begin: In August of 2001, on the 40th anniversary of the construction of the Wall, as well as the 50th anniversary of the people's uprising of June 17, 1953, public attention began to focus increasingly on the history of German division. This change of course is exemplified best by the "The Berlin Wall General Plan," passed by the Berlin Senate in summer 2006. In previous years, evidence of the Wall border system had been continually eliminated – the watch

la chute du mur. Le Mur de Berlin n'était pas seulement une barrière architectonique, il devint aussi une frontière politique, mentale et sociale. Il mit fin aux relations privées, familiales et professionnelles, il détruisit les itinéraires et les espaces vitaux. Le choc et l'indignation furent grands après la construction du mur. Toutefois, une suppression rapide tout d'abord espérée ne fut pas réalisée.
A la fin des années soixante, à l'Ouest du moins, les démêlés directs au sujet du mur firent place à une nouvelle orientation: la politique de détente. Dans ce contexte, de nombreuses personnes finirent par s'arranger du mur.
L'exaltation qui suivit la chute du mur montre toutefois combien la colère et l'indignation étaient restées présentes dans les esprits. Ainsi, après le 9 novembre 1989, de nombreuses personnes tant à l'Est qu'à l'Ouest commencèrent par réclamer la destruction intégrale du mur.
Ce n'est que ces dernières années que l'on assista à un changement: Le »concept général du Mur de Berlin« décidé par le sénat de Berlin à l'été 2006 est le signe le plus notable de ce changement de cap. Alors qu'au cours des années précédentes, des vestiges du mur frontalier avaient été détruits en plusieurs occasions, comme en décembre 2000 lorsque le poste de contrôle de Checkpoint Charlie fut démonté sans autre forme de

Diese Fragen stellen sich auch im Kontext des Gedenkensembles Berliner Mauer, das Ende der neunziger Jahre in der Bernauer Straße entstanden ist. Mit dem Mauerbau im August 1961 wurde diese Wohn- und Ladenstraße jäh durchschnitten. Unterteilt in eine Ost- und eine West-Berliner Seite, wurde sie Schauplatz zahlreicher dramatischer Fluchten. Menschen sprangen aus den Fenstern der zum Osten gehörenden Häuser, um auf das im Westteil gelegene Straßenpflaster zu gelangen. Aufsehenerregende Bilder gingen um die Welt – Bilder, die für die Betroffenen Momente der Hoffnung, der Verzweiflung, auch der Todesangst bedeuteten. Die Fenster und Türen der Ost-Häuser wurden schließlich zugemauert, die Bewohner mussten ihre Wohnungen räumen, die Häuser wurden bis auf die Erdgeschossfassaden abgerissen, dahinter die eigentlichen Grenzsperrbefestigungen errichtet. Erst in der zweiten Hälfte der siebziger Jahre wurden die letzten Fassadenstümpfe beseitigt und durch die neue Fertigbetonmauer ersetzt.

1985 wurde die Kirche der Evangelischen Versöhnungsgemeinde an der Bernauer Straße gesprengt – bis dahin stand sie eingemauert und unerreichbar auf dem Grenzstreifen. Bereits Jahre zuvor, 1963 bis 1966, waren Teile des Friedhofsgeländes der Sophiengemeinde zur Grenzanlage umfunktioniert worden: Die Gräber wurden umgebettet, der Friedhof wurde zum Todesstreifen des Grenzregimes.

Mit dem 13. August 1961 war auch der U-Bahnhof Bernauer Straße, wie zahlreiche andere Bahnhöfe in der Stadt, geschlossen worden und verkam im Laufe der Jahre zum Geisterbahnhof. Die Bilder jener Zeit spiegeln eine absonderliche Welt wider, jenseits von Leben und Sinnhaftigkeit. Und doch beherrschte diese Welt jahrzehntelang den Alltag. Nach dem Mauerfall hatte die Mauer als historisches Sachzeugnis an der Bernauer Straße keine Chance. Erst Ende der neunziger Jahre erfolgten erste konkrete Schritte zur Wiederannäherung an die Geschichte: 1998 wurde, begleitet von kontroversen Auseinandersetzungen über seine Gestalt und Aussagekraft, das Denkmal „Gedenkstätte Berliner Mauer“ fertiggestellt, 1999 das Dokumentationszentrum Berliner Mauer eröffnet, 2000 die an der Stelle der gesprengten Versöhnungskirche neu errichtete „Kapelle der Versöhnung“ eingeweiht. In den kommenden Jahren wird dieses Ensemble, der Angelpunkt des Gesamtkonzepts Berliner Mauer, als Gedenkstätte Berliner Mauer deutlich ausgebaut – eine angesichts der rasant steigenden Besucherzahlen nur allzu stimmige Entwicklung.

tower at Checkpoint Charlie, for example, was dismantled in December 2000 without much ado. Then the decision was made to preserve the existing historical remains, to explain them and link them together.

Questions arose. How should we address the history of the Berlin Wall? How can we convey it? These same questions were asked with regard to the Berlin Wall Memorial Ensemble that was erected in the late nineties on Bernauer Strasse. When the Wall was erected in August 1961, this residential and commercial street was abruptly cut off. It was divided into West and East Berlin sides and became the scene of many dramatic escapes. People jumped from the windows of buildings located on the east side in an attempt to reach the sidewalk of the western section. For these reasons the windows and doors were walled up and the tenants were forced to evacuate their apartments. The buildings were torn down to the ground level and the actual border fortification was erected behind them. It was only in the late 1970 s that the last vestiges of the façades were replaced by the new prefabricated concrete wall.

In 1985, the Protestant Church of Reconciliation on Bernauer Strasse was detonated. It had been inaccessible because it stood on the border strip enclosed by the Wall. From 1963 to 1966, parts of the

procès, les témoignages concrets du passé doivent maintenant être conservés, expliqués et reliés les uns aux autres.

Comment devons-nous traiter l’histoire du Mur de Berlin et comment la transmettre? Ces questions se posent également dans le contexte d’ensemble de mémorial du Mur de Berlin qui fut créé à la Bernauer Straße à la fin des années 1990. La construction du mur en août 1961 a brutalement coupé en deux cette rue résidentielle et commerçante. Partagée entre l’Est et l’Ouest de Berlin, elle fut le théâtre de nombreuses fuites dramatiques. Des personnes sautèrent des fenêtres des maisons côté Est pour accéder à la chaussée pavée de la rue côté Ouest. Les fenêtres et les portes furent finalement murées et les habitants durent quitter leurs appartements, les maisons furent détruites jusqu’aux rez-de-chaussée derrière lesquels les véritables fortifications de frontière furent construites. Dans la deuxième moitié des années soixante-dix ces morceaux de façades furent remplacés par un nouveau mur en béton préfabriqué.

En 1985, l’église de la Réconciliation, de la paroisse évangélique Bernauer Straße fut démolit – elle était jusqu’alors emmurée et inaccessible, dans la zone frontière. De 1963 à 1966, des parties du cimetière de la »Sophiengemeinde« avaient été transformées en instal-

Heidelberger Straße 1981

Spandau 1981

Auf über einem Kilometer Länge wird die Brache des ehemaligen Mauerstreifens in ihren Kernbereichen unbebaut bleiben und für die Zwecke der Gedenkstätte genutzt werden. Das überlieferte historische Areal, das auch heute noch die Stadtwunde erkennen lässt, wird für die Besucher lesbar und durch eine Open-Air-Ausstellung zugänglich gemacht, Sachreste werden erläutert, historische Ereignisse dokumentiert, und nicht zuletzt: die Schicksale der Mauertoten in das öffentliche Bewusstsein gebracht. Es ist gerade dieser biographische Zugang, der es auch späteren Generationen ermöglicht, die zurückliegende Geschichte zu begreifen, sich das Vergangene und Unbekannte anzueignen. Bereits jetzt finden in der Versöhnungskapelle werktags Andachten statt, die jeweils einem bestimmten Mauertoten gewidmet sind und seinen Lebensweg, seine Motive zur Flucht und auch den Umgang der Öffentlichkeit mit seinem Tode nachzeichnen.

In engster Nachbarschaft zu dem künftigen Gedenkstättenbereich befinden sich der neue Park am Nordbahnhof im Süden sowie der Mauerpark im Norden – beiderseits Orte der Mauerspuren. Im Umfeld der Bernauer Straße entsteht somit ein langes Band der Mauerdokumentation: offen, begehbar und erkundbar, informationsreich.

Auch an anderen Stellen der Stadt gibt es sie noch, die Zäsuren der jahrzehntelangen Teilung durch die Mauer: als unscheinbare Brache in der Stadt, als architektonischer Bruch zwischen Ost- und Westteil, als Aufeinanderprallen von Hochbauten und ländlicher Umgebung, als gänzlich neugeschaffene Stadtlandschaft und als Fortwirken einer vergangenen Geschichte.

Zu diesen Orten zählt der frühere US-amerikanische Kontrollpunkt Checkpoint Charlie an der Friedrichstraße. Er ist eines der Hauptsymbole der Ost-West-Konfrontation in Berlin und übt auf Touristen eine geradezu magische Anziehungskraft aus. Das Foto der sich gegenüberstehenden amerikanischen und sowjetischen Panzerfahrzeuge im Oktober 1961 hat sich als Bild der damals schwelenden Kriegsgefahr in unser öffentliches Gedächtnis eingebrannt. Seinerseits ein historisch-politisches Zeitzeugnis ist das von Rainer Hildebrandt gegründete private Museum Haus am Checkpoint Charlie. Im Zentrum des Hauses, das sich regen Zulaufs erfreut, stehen Fluchterlebnisse und originale Fluchtobjekte.

Heute begegnet uns die Friedrichstraße aber vor allem als ein Sammelsurium: Neue Gebäude stehen neben einzelnen Brach-

Bernauer Straße 1981

Reichstag 1981

cemetery of the Sophien Church had been transformed into border fortifications. The graves were relocated and, in a macabre twist, the cemetery became a death strip. On August 13, 1961 the underground station at Bernauer Strasse was closed and like many other stations in the city, it became a ghost station. Not until the end of the nineties were the first concrete steps toward a rapprochement with history finally taken. In 1998 the Berlin Wall Monument was completed; in 1999 the Documentation Center opened. In 2000 the Chapel of Reconciliation was dedicated at the site where the Reconciliation Church once stood. Over the next few years this ensemble will develop into the Berlin Wall Memorial Site. It was decided that a kilometer long expanse of land, the main section of fallow ground upon which the Wall once stood, should remain undeveloped. The remaining historical area, preserved as an open gash in the urban infrastructure, will be explained in its historical context so that visitors can understand how it was created and how it functioned. More importantly, the documentation of events will make the public specifically aware of the fate of all those who lost their lives because of the Wall. Memorial services are currently held at the Chapel of Reconciliation on workdays, each one dedicated to the life of a single victim of the Wall.

lation frontalière: Les tombes furent déplacées et le cimetière transformé de façon macabre en zone mortelle. Le 13 août 1961, le métro Bernauer Straße comme bien d'autres stations de la ville, avait été fermé et devint au fil des ans une gare fantôme.

Ce n'est qu'à la fin des années 1990 que des premières mesures furent prises pour se réapproprier l'histoire: en 1998, fut achevé le mémorial »Gedenkstätte Berliner Mauer«, en 1999, le centre de documentation du Mur de Berlin fut ouvert, en 2000, la chapelle de la réconciliation fut inaugurée à la place de l'ancienne église de la réconciliation. Dans les années à venir, cet ensemble à la mémoire du Mur de Berlin va être considérablement développé. Sur un kilomètre de longueur, la partie centrale de la friche de cette ancienne partie du mur va rester vierge de toute construction. Cet héritage de zone historique où les blessures de la ville sont aujourd'hui encore visibles sera rendu accessible aux visiteurs, les vestiges vont être expliqués, les évènements historiques documentés, et surtout, les desti-nées des victimes du mur vont être rappelées à la conscience du public. Dès à présent, les jours ouvrés, des messes commémoratives sont célébrées dont chacune est dédiée à une victime du mur et à son histoire.

La future zone commémorative sera complétée par un nouveau parc à

grundstücken, fliegende Händler betreiben auf den Bürgersteigen ihre Stände mit Mauer-Souvenirs, eine vom Museum am Checkpoint Charlie nachgebaute Kontrollbaracke soll historische Aura reproduzieren, Schauspieler in DDR-Grenzeruniformen führen „Ausweiskontrollen“ durch und stellen „Visa“ aus.
Im Winter 2004/05 erregte eine temporäre Installation des Museums Haus am Checkpoint Charlie kontroverses Aufsehen: ein Feld aus über 1000 Holzkreuzen, die an die Toten der Mauer und innerdeutschen Grenze erinnern sollten, davor ein Stück nachgestellte Mauer. Ungeachtet so mancher Widersprüchlickeit dieser Initiative hat sie eines doch deutlich gemacht, nämlich das Bedürfnis vieler Menschen nach einem Ort der Wahrnehmung und Würdigung der zahlreichen Maueropfer.

Dreilinden 1990

Kommandantenstraße 1999

Im Sommer 2006 schließlich wurde im Auftrag des Landes Berlins eine Open-Air-Ausstellung eröffnet: eine umfangreiche Informations- und Bildergalerie, die neben detaillierten historischen Angaben auch Auskunft über die thematisch einschlägigen Einrichtungen in Berlin gibt. Die Ausstellung hat sich bereits in kürzester Zeit als ein wahrer Publikumsrenner erwiesen: Das Interesse ist außerordentlich hoch. Wann diese temporäre Ausstellung in eine dauerhafte Lösung übergeht, ist derzeit noch unklar.

Ein besonderer Ort ist auch der Potsdamer Platz. Einst der „verkehrsreichste Platz Europas“ mit der weltweit ersten automatischen Ampelanlage, verkam dieser Platz nach dem Mauerbau zur vergessenen Einöde. Er wurde Bestandteil des Ost-Berliner Grenzstreifens, die Gebäude in der Umgebung fielen dem Abriss zum Opfer. Der Potsdamer Platz war vom Zentrum an die Peripherie, mehr noch: ins Niemandsland gerückt.
Nach dem Mauerfall entwickelte sich der Bereich Potsdamer Platz zu einem Planungs- und Investitionsobjekt erster Güte. Mit dem Einkaufszentrum Potsdamer-Platz-Arkaden und den Neubauten namhafter Firmenzentralen und Luxushotels wurde ein gänzlich neuer Stadtraum geschaffen. Auf Anlehnungen an die frühere Architektur wurde bewusst verzichtet. Das Fehlen jeglicher Sachspuren aus früherer Bauzeit legte einen radikalen Neubeginn nahe und macht gerade dadurch die jahrzehntelange Zäsur spürbar.

Einen anderen Weg, Mauerbrachlandschaft in die städtische Lebensumgebung zurückzuholen, wählte man bei der Errichtung des neuen

A new park at the Nordbahnhof station in the south and the Mauerpark in the north – both places where Wall remains exist – will be added to the future memorial grounds.
The former American Checkpoint Charlie control point is one of the main symbols of the East-West confrontation in Berlin. The photo of American and Soviet tanks lined up opposite each other in October 1961 is engraved in our public consciousness as an image of the smoldering threat of war. Today we experience Friedrichstrasse above all as a smorgasbord: new buildings stand along side abandoned ones; street vendors sell Wall souvenirs on the sidewalk; a reconstructed control house built by the Museum at Checkpoint Charlie tries to further convey the aura of history. Actors wearing East German border guard uniforms “check identification” and issue “visas”. In summer 2006 an open-air exhibition commissioned by the state of Berlin opened with an extensive display of texts and photographs providing detailed historical facts as well as information about institutions in Berlin relevant to this subject. It is not yet known whether this temporary exhibition will eventually be replaced by a permanent documentation center.
Another special site is Potsdamer Platz. It was once the “busiest city square in Europe” with the first automatic traffic lights in the world,

la Nordbahnhof au sud et par le Mauerpark au nord.
Le Checkpoint Charlie est l’un des symboles principaux de la confrontation Est-Ouest à Berlin. La photo des chars américains et soviétiques se faisant face en 1961 s’est imprégnée dans la mémoire publique comme une image de risque latent de conflit. Aujourd’hui, la Friedrichstraße ressemble essentiellement à un capharnaüm: de nouveaux bâtiments s’élèvent à côté de quelques terrains en friche, des vendeurs à la sauvette présentent leurs stands de souvenirs du mur sur les trottoirs, un poste de contrôle reconstruit par le Musée de Checkpoint Charlie tente de reconstituer une période historique, des acteurs portant des uniformes de gardes frontière de la RDA effectuent des »contrôles d’identité« et établissent des »visas«.
En été 2006, une exposition en plein air initiée par le Land de Berlin a été inaugurée: une vaste galerie d’informations et de photos, qui, outre des informations historiques détaillées, offre également des renseignements thématiques sur les institutions spécialisées correspondantes à Berlin. Reste à savoir si et quand ce dispositif provisoire sera remplacé par une institution permanente.
La Potsdamer Platz est également un lieu singulier. Jadis la »place d’Europe la plus fréquentée« avec la première installation de feux automatiques du monde, celle-ci

Wohnquartiers „Scharnhorsthöfe" an der Kieler Straße im Bezirk Mitte, unweit des Invalidenfriedhofs. Das Häuserviertel liegt am Spree-Kanal, dessen Ufer vor 1989 durch die Mauer abgegrenzt war. Nach dem Mauerfall wurde – auf Initiative des Museums Haus am Checkpoint Charlie – ein Grenzwachturm stehen gelassen: ein Stolperstein in der neuen Umgebung, der auffällt und zu Fragen anregt. Seit August 2003 steht der Wachturm als Gedenkstätte interessierten Besuchern offen. Sie ist nach Günter Litfin benannt, der im August 1961 bei einem Fluchtversuch erschossen wurde, und wird von dessen Bruder engagiert getragen.
Nahe der Wohnanlage Kieler Straße findet man auch noch Reste der Originalmauer: Sie grenzen an den Invalidenfriedhof, den ältesten Berliner Militärfriedhof, auf dem zahlreiche hochrangige Vertreter des preußischen Militärs bestattet worden sind. Der Friedhof wurde im Zuge der DDR-Grenzbefestigung stark in Mitleidenschaft gezogen. Die zum Kanal hin liegenden Grabstätten wurden geschleift und zum Todesstreifen umfunktioniert, die historische Friedhofsummauerung zum Teil als Grenzmauer benutzt. 1998 wurde die Friedhofsmauer restauriert und der Spuren ihrer missbräuchlichen Nutzung entledigt. Die erhalten gebliebenen Betonsegmente der „Hinterlandsicherungsmauer" zeugen noch deutlich von der Zerschneidung des historischen Friedhofsgeländes.

Ein anderes spezifisches Beispiel bildet die unter Denkmalschutz gestellte „East-Side-Gallery": ein Stück sogenannter Hinterlandsicherungsmauer entlang der Spree im ehemaligen Ost-Berlin, an einer mehrspurigen Ausfallstraße Richtung Süden gelegen. Bei diesem 1300 Meter langen Abschnitt, ursprünglich grauweiß wie andere entsprechende Mauersegmente auch, handelt es sich primär um ein Zeugnis des Umgangs mit der Mauer nach 1989: Die östliche Sichtseite wurde nach dem Fall der Mauer von Künstlern aus aller Welt farbenreich bemalt. Im Frühsommer 2000 wurden die Mauergemälde durch die „Künstlerinitiative East-Side-Gallery" saniert, die Finanzierung übernahm der Verband der Lackindustrie. Abgase und Verunreinigungen jedoch setzen der Gallery stark zu. Zwischen der sogenannten Hinterlandsicherungsmauer und dem Spree-Ufer ist im Übrigen mit der „Strandbar an der East-Side-Gallery" und anderen Einrichtungen Berlin-typische Normalität eingekehrt. Dazu gehört womöglich auch, dass 45 Meter der East-Side-Gallery im Zuge eines Neubauvorhabens entfernt wurden.

Sonnenallee 1999

Scharnhorststraße 2001

but decayed over time, becoming a forgotten wasteland.
After the fall of the Wall, the area around Potsdamer Platz became a first rate planning and investment project. A conscious decision was made to create a new urban context and eliminate references to the earlier architecture.
The "Scharnhorst Courtyards," a new residential area, replaced the wasteland created by the Wall on Kieler Strasse in Mitte on the bank of the canal which until 1989 was separated from the land by the Wall. On the initiative of the Checkpoint Charlie Museum, a border watch tower was left in place as evidence of the former period. It functions as a stumbling stone in the new surroundings by attracting attention and evoking questions.
There are also remains of the original Wall near the Kieler Strasse residential complex. These Wall remains stand next to the invalids' cemetery, the oldest military cemetery in Berlin where many high-ranking Prussian military officers were buried. The cemetery suffered greatly under the measures taken to fortify the East German border. The graves facing the canal were razed and established as a death strip and parts of the historical wall around the cemetery were used as a front wall of the border system.
A further example is the "East Side Gallery," a section of the rear wall along the Spree in former East

devint après la construction du mur un lieu désertique oublié.
Après la chute du mur, le quartier autour de la Potsdamer Platz se transforma en un objet de planification et d'investissement de première qualité: un tout nouveau quartier fut crée. Les références historiques à l'architecture passée ont été sciemment évitées.
La construction du nouvel ensemble d'habitations »Scharnhorsthöfe« dans la Kieler Straße à Berlin-Mitte, non loin du Cimetière des Invalides, réinsére autrement les terrains vagues de la zone du mur dans le tissu urbain. L'ensemble de maisons se trouve sur les bords du canal, qui était fermé par le mur avant 1989. En témoignage de cette époque, sur l'initiative du Musée de Checkpoint Charlie, un mirador fut conservé: un élément à part qui frappe et soulève des questions dans cet environnement nouveau.
Non loin de l'ensemble de la Kieler Straße, on trouve encore des restes du mur d'origine: ils touchent le Cimetière des Invalides, le plus vieux cimetière militaire de Berlin, où reposent de nombreuses personnalités de l'armée prussienne. Le cimetière a considérablement souffert lors du renforcement de la frontière de la RDA. Les tombes situées à proximité du canal furent arasées et la zone transformée en »bande de la mort«. Le mur du cimetière historique fut partielle-

Es gibt noch viele Orte und Ereignisse, auf die es sich näher einzugehen lohnte: die verschiedenen En- und Exklaven wie der „Entenschnabel“ in Berlin-Frohnau oder Steinstücken im Süden Berlins, die denkmalgeschützten Mauerreste an der „Topographie des Terrors“, dem früheren Gestapo-Gelände, die ehemalige Grenzübergangsstelle am Bahnhof Friedrichstraße, unter dem Namen „Tränenpalast“ in die Geschichte eingegangen, das Brandenburger Tor und der dort geplante Informationsort in der S-Bahn-Passarelle oder das „Parlament der Bäume gegen Krieg und Gewalt“ in Berlin-Mitte, eine Installation des Berliner Künstlers Ben Wagin mit originalen Mauersegmenten und Postenkontrollweg. Diese Installation, nach 1989 in der Grenzbrache angelegt, befindet sich nun mitten im neuen Regierungsviertel. Teile des Mauer-Kunstwerks sind in das Gebäude der Bundestagsbibliothek, das Marie-Elisabeth-Lüders-Haus, integriert worden.

Wer die Stadt mit aufmerksamen Augen betrachtet und aus den überlieferten Spuren lesen lernt, der entdeckt auch heute, fast zwei Jahrzehnte nach dem Mauerfall, zahlreiche außergewöhnliche Orte in Berlin. Die Abbildungen in diesem Buch belegen nur zu deutlich: Die Sachzeugnisse der getrennten Vergangenheit und die Zeichen der neuen, gemeinsamen Gegenwart geben der Stadt eine unverwechselbare, teils sperrige und widersprüchliche, aber neugierig machende und lebendige Prägung.

Literaturhinweise
Eine detaillierte Darstellung liefert die 2004 erschienene Studie von Axel Klausmeier und Leo Schmidt, Mauerreste – Mauerspuren. Der umfassende Führer zur Berliner Mauer, Berlin 2004. Kenntnisreich und interessant ist auch der Führer von Michael Cramer, Berliner Mauer-Radweg, Berlin, 2. Auflage 2007.
Einen kompakten Überblick zur historischen Einordnung der Mauer und zu ihren Folgen bietet: Christian Bahr, Geteilte Stadt – Die Berliner Mauer. Fotos und Fakten • Zeitzeugen berichten • Spurensuche heute, Berlin, 3. Auflage 2008.
Informationen im Netz finden Sie auf der Website der Gedenkstätte Berliner Mauer www.berliner-mauer-gedenkstaette.de, über das Internetportal des Landes Berlin www.berlin.de/mauergedenken sowie auf der Internetseite www.chronik-der-mauer.de, die von der Bundeszentrale für politische Bildung, dem Zentrum für Zeithistorische Forschung und DeutschlandRadio erstellt wird.

Gedenkkreuze, Reichstag 2007

East-Side-Gallery 2007

Berlin, which is situated next to a main road with multiple lanes to the south. After the fall of the Wall, the side visible to the East was painted with many colors by artists from all over the world. Hence, the 1300-meter long section, which was originally grayish-white like other Wall segments and which has been placed under historical protection as a monument, also serves as an example of how the Wall was dealt with *after* 1989.

There are still a number of sites that are worth looking into more closely. These include Steinstücken in the south of Berlin, the remains of the historically preserved Wall at the Topography of Terror, the border crossing at the Friedrichstrasse station known as the Palace of Tears, the Brandenburg Gate, and the “Parliament of Trees against War and Violence,” an installation in Berlin-Mitte by Ben Wargin which integrates segments of the Wall and the guards’ patrol road.
The illustrations in this book make clear that for someone observing the city carefully, who has learned to read the historical remains, a number of unusual sites in Berlin can still be discovered almost two decades after the fall of the Wall. The remains of the divided past and the signs of the new common present give the city an identity that is unmistakable, sometimes contradictory, but nevertheless living and richly varied.

ment utilisé comme mur de séparation côté Ouest.
Autre exemple: la »East-Side-Gallery«, une partie du deuxième mur, située le long de la Spree, dans l’ex-Berlin-Est. Le côté regardant vers l’Est fut, après la chute du mur, peinte de toutes les couleurs par des artistes du monde entier. Ces 1300 mètres de mur, à l’origine gris clair tout comme les autres segments correspondants, et entre temps classés, sont en premier lieu un témoignage du sort du mur après 1989.
Du nombreux autres lieux et évènements mériteraient d’être pris en considération: Steinstücken dans le Sud de Berlin, les restes du mur classés le long de la »Topographie de la terreur«, l’ancien poste frontière de la gare Friedrichstraße: le Tränenpalast, la porte de Brandebourg ou le »Parlement des arbres contre la guerre et la violence« à Berlin-Mitte, une installation de Ben Wargin avec des morceaux de mur et des chemins de ronde.
Les illustrations de ce livre montrent clairement que celui qui observe la ville attentivement et apprend à lire les traces transmises découvre encore, presque deux décennies après la chute du mur, de nombreux lieux insolites à Berlin. Les marques concrètes des deux passés différents et les signes du présent commun donnent à la ville son caractère propre, en partie contradictoire, mais vivant et varié.

Brandenburger Tor 1962

BRANDENBURGER TOR

Mit dem Fall der Mauer wandelte sich das Brandenburger Tor vom Mahnmal der Teilung zum Symbol der Einheit. Zuvor stand das 1789–91 erbaute Wahrzeichen 28 Jahre lang hermetisch abgeriegelt und isoliert von der restlichen Stadt im Todesstreifen. Heute ist der Pariser Platz am Brandenburger Tor wieder bebaut und die „gute Stube" Berlins – eine repräsentative Adresse der Hauptstadt mit dem Hotel Adlon, der Akademie der Künste, Banken und der Französischen Botschaft.

When the Berlin Wall fell, Brandenburg Gate became a symbol of unity instead of a memorial to division. The symbolic building dating from 1789 to 1791 had previously spent 28 years on the death strip, hermetically sealed from the rest of the city. Today the Pariser Platz at the Brandenburg Gate has been redeveloped and is again Berlin's "parlour" – a prestigious address in the capital with the Hotel Adlon, the Academy of Arts, various banks and the French Embassy.

Avec la chute du mur, la Porte de Brandebourg, emblème de la division, devint symbole de l'unité. Durant les 28 années du mur, le monument érigé en 1789–91 était resté enfermé hermétiquement et isolé du reste de la ville dans la zone mortelle. Aujourd'hui, la Pariser Platz au pied de la Porte de Brandebourg est à nouveau bâtie et la „vitrine" de Berlin est une adresse prestigieuse de la capitale avec l'hôtel Adlon, l'Académie des arts, plusieurs banques et l'Ambassade de France.

2004

BURGER TOR BRANDENBURGER TOR BRANDENBURGER TOR BRANDENBURGER TOR BRANDENBURGER TOR

BRANDENBU

Pariser Platz, Unter den Linden 1989

2006

Brandenburger Tor 1987

BRANDENBURGER TOR BRANDENBURGER TOR BRANDENBURGER TOR BRANDENBURGER TOR BRANDENBU

1986

2004

Mit dem Rücken zur Mauer stand das Reichstagsgebäude, das wenige Schritte nördlich vom Brandenburger Tor liegt. Auf West-Berliner Gebiet gelegen, verwaiste das ehemalige Parlamentshaus zum Denkmal deutscher Geschichte. Seit dem 19. April 1999 ist der über 100 Jahre alte Prachtbau Sitz des Bundestages. Ein Parlamentsviertel mit Bundeskanzleramt sowie Büros und Bibliothek für die Abgeordneten ist neben dem Reichstag entstanden, das symbolisch die ehemalige Grenze entlang der Spree überbrückt.

The Reichstag building near Brandenburg Gate, stood with its back to the Wall. In West Berlin the former parliament building, which is over 100 years old, was a mere memorial to German history. Since 19th April 1999 it has been the home of the German parliament. A parliament quarter, which symbolically bridges the former state border along the Spree, has developed next to the Reichstag, with the federal chancellery, offices and a library for the representatives.

Le bâtiment du Reichstag, à quelques pas au nord de la Porte de Brandebourg, était adossé au mur. Situé à Berlin-Ouest, l'ancien siège du Parlement n'eut plus qu'un rôle commémoratif de l'histoire allemande. Depuis le 19 avril 1999, ce superbe édifice de plus de 100 ans est le siège du Bundestag. Un quartier ministériel avec la Chancellerie ainsi que des bureaux et une bibliothèque pour les parlementaires a été construit à côté du Reichstag, il franchit symboliquement l'ancienne frontière le long de la Spree.

EICHSTAG

REICHSTAG

REICHSTAG REICHSTAG REICHSTAG REICHSTAG REICHSTAG REICHS

1971

Reichstagsgebäude 1988

2004

Tränenpalast 1966

Obwohl mitten in der „Hauptstadt der DDR“ gelegen, wurde der Bahnhof Friedrichstraße als Grenzübergang genutzt. Die beiden Bahnhofshallen waren in zwei voneinander abgeschirmte Bereiche getrennt: als S-Bahnhof für Ost-Berliner und S- und Fernbahnhof für West-Berliner. Allein der „Tränenpalast“, das Kontrollgebäude neben dem Bahnhof, ist als Zeugnis der alten Grenzanlage erhalten geblieben und wurde in einen Neubau integriert. Nach einem Umbau präsentiert sich die Grenzstation heute modern, licht und hell.

Although it was in the middle of the “capital of the GDR”, Friedrichstrasse station was used as a border crossing. The two station halls were split into two separate and guarded segments: one for East Berlin urban transport and one for the link to the West. The “palace of tears”, the control building next to the station, is the only remaining witness to the old border installations and has been integrated into a new building. Following alterations, the border station is now modern and bright.

Bien que située au milieu de la „Capitale de la RDA“, la gare de Friedrichstrasse servait de poste frontière. Les deux halls de gare étaient partagés en deux zones totalement indépendantes: une station de S-Bahn pour les Berlinois de l’Est, et une gare et station de S-Bahn pour les Berlinois de l’Ouest. Le „Palais des larmes“ à côté de la gare, où s’effectuaient les contrôles, reste le dernier témoignage de l’ancienne frontière; il a été intégré dans un nouveaux bâtiment. Depuis les transformations, le poste frontière est devenu un lieu moderne.

STRASSE

BAHNHOF FRIEDRICHSTRASSE

BAHNHOF FRIEDRICHSTRASSE B

1999

Bahnhof Friedrichstraße 1999

F FRIEDRICHSTRASSE BAHNHOF FRIEDRICHSTRASSE BAHNHOF FRIEDRICHSTRASSE BAHNHOF FRIEDRIC

1982

Invalidenfriedhof 1988

STRASSE

SCHARNHORSTSTRASSE

SCHARNHORSTSTRASSE SCHARNHORSTSTR

2007

Oft im Verborgenen sind heute Reste der Grenzanlagen zu finden. An der Scharnhorststraße schluckte eine neue Wohnanlage den unter Denkmalschutz stehenden Wachturm, Ecke Kieler Straße. Das paradoxe Ensemble entstand durch ein Versehen. Der Turm wurde zwar geschützt, gleichzeitig aber das umliegende Areal als Bauland verkauft. Auf dem benachbarten Invalidenfriedhof ist noch ein Stück Hinterlandmauer zu sehen. Rigoros zog die DDR über den 1748 angelegten Heldenfriedhof die Grenzanlagen.

The former border fortifications are often difficult to find today. On Scharnhorststrasse, a new residential complex engulfed the guard tower at the corner of Kieler Strasse. It was actually an oversight – the tower was listed as a protected monument, but the surrounding land was sold as building land. Part of the rear death strip wall can still be seen on the adjacent invalids' cemetery. The GDR rigorously built its border fortifications across the heroes' cemetery which was created in 1748.

On retrouve souvent des vestiges de la frontière en des endroits dérobés. Scharnhorststrasse, au coin de la Kieler Strasse, le mirador, classé monument historique disparut au milieu d'un lotissement. Une erreur est à l'origine de cet ensemble insolite: en dépit du mirador monument classé, les terrains attenants furent vendus en terrain à bâtir. Dans le „Cimetière des Invalides" voisin, on voit encore un morceau de deuxième mur. La RDA fit passer la frontière de façon très rigoureuse à travers le cimetière des héros, datant de 1748.

Scharnhorststraße 1988

SCHARNHORSTSTRASSE SCHARNHORSTSTRASSE SCHARNHORSTSTRASSE SCHARNHORSTSTRASSE

1999

An vielen Orten hat der Bauboom die Spuren der Teilung Berlins noch nicht weggewischt. Am früheren Übergang Chausseestraße sind lediglich die Anlagen der Grenze verschwunden. Der in der Nähe liegende Friedhof der St. Hedwiggemeinde kann wieder über die Liesenstraße betreten werden. Und die einst zugemauerte S-Bahnhalle Nordbahnhof führt erneut zu den unterirdischen Gleisen. Die DDR hatte die Station zum Geisterbahnhof verbarrikadiert.

In many places, the building boom in Berlin has not yet removed the traces of division. At the former Chausseestrasse crossing point, only the fortifications have been removed. The nearby St. Hedwig church can again be entered from Liesenstrasse. And the once bricked-in main entrance to Nordbahnhof urban railway station again leads to the platforms. The GDR barricades once made Nordbahnhof into a ghost station.

En de nombreux endroits de Berlin, l'essor de la construction n'a pas encore effacé les traces de la division. A l'ancien point de passage Chausseestrasse, seules les installations frontalières ont disparu. Non loin de là, on entre à nouveau dans le cimetière de la paroisse de Ste Edwige par la Liesenstrasse. Et le hall de la station du S-Bahn de la Gare du Nord, jadis muré, mène à nouveau aux quais souterrains. La RDA, en condamnant la station en avait fait une gare fantôme.

STRASSE **CHAUSSEESTRASSE** CHAUSSEESTRASSE CHAUSSEESTRASSE CHAUSSEE

Friedhof Liesenstraße 1999

1981

Chausseestraße 2004

CHAUSSEESTRASSE CHAUSSEESTRASSE CHAUSSEESTRASSE CHAUSSEESTRASSE CHAUSSEESTRASSE

1986

Nordbahnhof 2007

SEESTRASSE CHAUSSEESTRASSE CHAUSSEESTRASSE CHAUSSEESTRASSE CHAUSSEESTRASSE CHAUS

1990

Bernauer Straße 1979

BERNAUER STRASSE

STRASSE BERNAUER STRASSE BERNAUER STRASSE BERNAU

Ein Ort tragischer Fluchtschicksale. Weil die Grenze genau entlang der Häuserfront am Südrand der Bernauer Straße verlief, wagten viele Berliner die Flucht mit einem Sprung aus höher liegenden Etagen auf West-Berliner Gebiet. Zwei Menschen starben dabei 1962. Die DDR riss später die Mietshäuser ab und sprengte im Januar 1985 die Versöhnungskirche, die im Todesstreifen stand. Auf dem Kirchenfundament wurde 2000 die Kapelle der Versöhnung gebaut. Sie ergänzt die Gedenkstätte Berliner Mauer und das Dokumentationszentrum mit seiner Aussichtsplattform.

A site of tragic escape attempts. The border ran along the front walls of the houses on the south side of Bernauer Strasse, and many jumped into West Berlin from the upper storeys. In 1962, two people died doing so. The GDR later pulled down the buildings and in January 1985 detonated the Church of Reconciliation which was on the death strip. In 2000 the Chapel of Reconciliation was built upon the foundations of the church. It is an addition to the Berlin Wall Memorial and the Documentation Centre with its viewing platform.

Lieu d'évasion au destin tragique. Parce que la frontière longeait les façades des maisons, au sud de la Bernauer Strasse, de nombreux Berlinois tentèrent de fuir en sautant des fenêtres pour atteindre l'Ouest. Deux hommes périrent en 1962. Plus tard la RDA fit démolir ces maisons, puis exploser, en janvier 1985, l'Eglise de la Réconciliation, située sur la zone mortelle. En 2000, la Chapelle de la Réconciliation a été érigée sur les fondations de l'église. Elle vient compléter le Mémorial du mur de Berlin et le Centre de documentation avec sa plateforme d'observation.

2004

1966

1981

Versöhnungskirche 1981

1985

RNAUER STRASSE BERNAUER STRASSE BERNAUER STRASSE BERNAUER STRASSE BERNAUER STRASSE

1985

2007

AUER STRA

Gedenkstätte Berliner Mauer 2006

2007

MAUERPARK

Am östlichen Ende der Bernauer Straße, der Schnittstelle zwischen Wedding im Westen und Prenzlauer Berg im Osten Berlins, hatte die DDR-Führung noch vor dem Mauerbau ein Stadion errichtet. Neben dem Ludwig-Jahn-Stadion baute der Berliner Senat nach dem Mauerfall eine neue Sporthalle. Die 10 000 Zuschauer fassende „Max-Schmeling-Halle" wurde 1997 eröffnet. Der angrenzende Mauerstreifen wurde zu einem Park für die Anwohner beider Bezirke begrünt. Die Reste der Hinterlandmauer im „Mauerpark" dienen heute als Leinwand für Graffiti.

At the eastern end of Bernauer Strasse where Wedding in the West and Prenzlauer Berg in the East met, the GRD government built a stadium even before the Wall was built. After the fall of the Wall, the Berlin Senate built a new sports hall next to the Ludwig Jahn stadium. The "Max-Schmeling-Halle" opened in 1997 and holds 10,000 spectators. The adjoining border strip was made into a green park for the inhabitants of both districts. The remains of the Wall in the park are now used by graffiti sprayers.

Au bout de la Bernauer Strasse, vers l'est, entre Wedding à l'ouest et Prenzlauer Berg à l'est de Berlin, les dirigeants de la RDA avaient construit un stade avant la construction du mur. A côté du Stade Ludwig-Jahn, le Sénat de Berlin construisit, après la chute du mur, une nouvelle salle des sports: la salle Max Schmeling conçue pour 10 000 spectateurs, fut inaugurée en 1997. Le terrain avoisinant sur lequel passait le mur fut aménagé en parc pour les habitants des deux quartiers. Les vestiges du deuxième mur, dans le „Parc du Mur", servent aujourd'hui aux graffiti.

Ludwig-Jahn-Stadion 1961

ERPARK MAUERPARK MAUERPARK MAUERPARK MAUERPARK MAUERPARK MAUERPARK MAUERPARK

1999

Mauerpark 2007

BORNHOLMER STRASSE

BORNHOLMER STRASSE BORNHOLMER STR

Bösebrücke 1986

Am Grenzübergang Bornholmer Straße an der Bösebrücke öffneten sich in der Nacht des 9. November 1989 gegen 22.30 Uhr zuerst die Grenzschranken. Heute kann nicht nur die Brücke ohne Hindernisse passiert werden; auch der S-Bahnhof Bornholmer Straße, der 28 Jahre lang abgeschieden im Todesstreifen lag, ist wieder belebter Bahnknoten. Seit 1995 führt über die Brücke die erste Straßenbahnlinie, die von Ost- nach West-Berlin verlängert wurde.

Bornholmer Strasse border crossing was where the barriers first opened at about 10:30 on the evening of 9th November 1989. Now the bridge can be crossed unhindered and Bornholmer Strasse urban railway station, which was isolated in the death strip for 28 years, is now a busy transport junction again. The first tram line to be extended into West Berlin from the East, which was opened in 1995, crosses the bridge.

Dans la nuit du 9 novembre 1989 vers 22 heures 30, au poste frontière Bornholmer Strasse, au Pont de Böse, les barrières se levèrent. Aujourd'hui, ce n'est pas seulement le pont que l'on peut traverser sans encombre, mais aussi la station de S-Bahn Bornholmer Strasse, qui fut enfermée, pendant 28 ans, dans la zone mortelle. Elle est redevenue un noeud ferrovière important. Depuis 1995, passe sur le pont la première ligne de tramway qui fut prolongée de Berlin-Est vers Berlin-Ouest.

2004

Nordgraben 1987

DGRABEN **NORDGRABEN** NORDGRABEN NORDGRABEN NORDGRABEN NORDGRABEN NO

1987

Trügerische Idyllen hatte die Mauer geschaffen. Zwischen Pankow (Ost) und Reinickendorf (West) lag am Rande des Bahndammes verborgen ein Haus mit Garten – umzäunt durch die Mauer. Als die Grenze fiel, fiel auch das Idyll südlich vom Nordgraben. Das Industriegelände von Bergmann-Borsig, Jahrzehnte durch die Grenze im Zaum gehalten, expandierte Richtung Westen. Ausgerechnet auf dem Areal des Grenzhäuschens wurde eine neue Werkshalle gebaut.

The Wall created deceptively idyllic settings. Between Pankow in East Berlin and Reinickendorf in West Berlin, a house with a garden lay concealed next to the railway, surrounded by the Wall. When the Wall fell, the idyllic setting south of the Nordgraben also fell. The Bergmann-Borsig industrial complex, which had been held back for decades by the border, expanded westwards. And a new factory building was built on the land of the idyllic house by the border.

Le mur avait crée une fausse idylle. Entre Pankow (Est) et Reinickendorf (Ouest) se cachait une maison avec un jardin, le long des rails. Tout autour, le mur. Quand le mur tomba, l'idylle du Nordgraben tomba. Les usines Bergmann-Borsig, confinées dans les limites de la frontière se développèrent vers l'ouest; on construisit un nouvel atelier, juste à l'emplacement de la petite maison.

1999

Am Sandkrug 1999

1976

STOLPE/ENTENSCHNABEL

STOLPE/ENTENSCHNABEL STOLPE/ENTE

Ein Kuriosum entlang des Mauermonstrums war auch der im Volksmund sogenannte „Entenschnabel" im Norden von West-Berlin. Wie ein Stachel ragte die Straße Am Sandkrug des Ortes Glienicke (DDR) in die Mauerstadt. Das ummauerte Terrain durchschnitt die Oranienburger Chaussee Richtung Frohnau. Westlich von Frohnau liegt ein weiteres Kuriosum: Noch wenige Jahre vor dem Mauerfall wurde der Übergang Stolpe-Süd für die Transit-Autobahn nach Hamburg gebaut. Heute ist die Anlage eine Raststätte.

One curious feature of the wall was the so-called "duck's beak" in the north of West Berlin. The road Am Sandkrug in Glienicke (GDR) extended into the enclosed city like a thorn. The terrain surrounded by the Wall cut through Oranienburger Chaussee on the way to Frohnau. To the west of Frohnau is another curious feature: only a few years before the fall of the Wall, the Stolpe-Süd border crossing was built for the transit motorway to Hamburg. It is now a service station.

Une curiosité le long du monstrueux mur fut aussi celle que les Berlinois appelèrent le „Bec de canard", au nord de Berlin-Ouest. Une rue de Glienicke „Am Sandkrug" (RDA), dépassait comme une épine à l'intérieur de la ville du mur. Le terrain entouré du mur coupait la Oranienburger Chaussée en direction de Frohnau. Autre curiosité à l'ouest de Frohnau: quelques années avant la chute du mur fut construit le point de passage Stolpe-Süd pour l'autoroute de transit vers Hambourg. C'est aujourd'hui un relais d'autoroute.

Stolpe-Süd 1999

1982

Nieder-Neuendorf 1982

UENDORF

NIEDER-NEUENDORF

NIEDER-NEUENDORF NIEDER-NEUENDORF NIEDER-N

Selbst natürliche Barrieren zwischen West-Berlin und dem Gebiet der DDR wurden zusätzlich mit einer Mauer gesichert. Den eingemauerten Berlinern blieb so nur die Ahnung von der Weite jenseits der Grenze, wie etwa der Blick von Heiligensee über die Havel nach Nieder-Neuendorf. Heute ist der Ort in Brandenburg ein beliebtes Ziel für stadtmüde Hauptstädter. Zehntausende Berliner zogen seit dem Mauerfall ins ländliche Umland. Auch in Nieder-Neuendorf entstand eine Familienhaus-Siedlung.

Even natural barriers between West Berlin and the GDR were secured with an additional wall. Thus, the enclosed people of Berlin could only guess at the expanse of country beyond the border, such as the view from Heiligensee across the Havel to Nieder-Neuendorf. The community in Brandenburg is now a popular place for people from the city to visit. Tens of thousands of people have moved beyond the city boundaries since the Wall came down. There is a family house estate in Nieder-Neuendorf, too.

Même les frontières naturelles entre Berlin-Ouest et la RDA furent renforcées par un mur. Aux Berlinois emmurés, il ne leur resta que l'idée de l'immensité au-delà de la frontière, comme la vue de Heiligensee par delà la Havel, vers Nieder-Neuendorf en Brandebourg la suggérait. C'est aujourd'hui un lieu prisé des Berlinois fatigués de la capitale. Depuis la chute du mur des milliers de Berlinois se sont installés dans les environs de la ville. A Nieder-Neuendorf aussi fut construit un lotissement.

1999

„Exklaven" nannte man die Areale, die außerhalb der Mauerstadt Berlin lagen, aber dennoch der Stadt gehörten. Südlich von Nieder-Neuendorf und nördlich vom Bezirk Spandau befanden sich die Berliner Laubenkolonien Erlengrund und Fichtewiese. Die beiden Exklaven waren eingemauert. Um zu ihrer Laube zu gelangen, mussten die Kleingärtner über einen vergitterten Weg durch den Todesstreifen gehen. Bereits im März 1988 fiel dort die Mauer, das Gelände wurde an West-Berlin übergeben.

"Exclave" was the term used for areas which were beyond the walls of Berlin but still belonged to the city. South of Nieder-Neuendorf and north of Spandau were the Berlin allotment garden colonies of Erlengrund and Fichtewiese. Both exclaves were surrounded by walls. To get to their allotment gardens, the gardeners had to pass through a fenced-in path across the death strip. The Wall at this point already fell in March 1988 and the land was handed to West Berlin.

On appelait „exclaves" les territoires qui étaient à l'extérieur de Berlin, la ville emmurée, mais qui appartenaient cependant à la ville. Au sud de Nieder-Neuendorf et au nord de Spandau se trouvaient les jardins ouvriers de Erlengrund et Fichtewiese. Les deux „exclaves" étaient enmurées. Pour atteindre leur jardin, les propriétaires devaient traverser la zone mortelle et emprunter un chemin grillagé. Là-bas, le mur tomba déjà en mars 1988: le territoire fut donné à Berlin-Ouest.

ENGRUND KOLONIE ERLENGRUND KOLONIE ERLENGRUND KOLONIE ERLENGRUN

Kolonie Erlengrund 1980

1980

1999

IE ERLENGRUND KOLONIE ERLENGRUND KOLONIE ERLENGRUND KOLONIE ERLENGRUND KOLONIE ERL

Kolonien Erlengrund/Fichtewiese 1976

Bahnhof Staaken 1989

1999

Finkenkruger Weg 1989

BAHNHOF STAAKEN

Mit der Eisenbahn führte der Weg aus West-Berlin hinaus über streng abgeschirmte Grenzkorridore. Wer die Stadt in Richtung Hamburg verließ, fuhr im Ortsteil Staaken an Betonwänden vorbei. Heute ist der Grenzschlauch für die Bahn verschwunden. Wo früher die Mauer das westliche Ende Berlins markierte, halten heute Regionalzüge.
Am Finkenkruger Weg wurde eine neue Bahnstation gebaut. Nur die grünbewachsene Schneise erinnert noch daran, dass hier die Mauer verlief.

The railway lines out of West Berlin went through strictly sealed and guarded border corridors. Passengers leaving the city for Hamburg had to pass long concrete walls in Staaken in the western part of Spandau. Today, the narrow railway corridor between concrete walls has disappeared. Where the Wall once marked the western limits of Berlin, there is now a station for the regional rail service. The strip of greenery is the only reminder of the Wall that once stood here.

Le chemin de fer traversait la frontière dans un corridor hermétique. Quand on quittait Berlin-Ouest en direction de Hambourg, on longeait, à Staaken, des murs en béton. Aujourd'hui ce tuyau-frontière pour le train a disparu. Là où autrefois le mur délimitait l'ouest de Berlin, s'arrêtent aujourd'hui les trains de banlieue. A Finkenkruger Weg, on a construit une nouvelle gare. Seule la laie verte rappelle que le mur passait ici.

1999

Dorfkirche Staaken 1999

STAAKEN

1989

Durch einen Gebietstausch ging der westliche Teil des Spandauer Ortsteils Staaken Ende 1945 in sowjetische Befehlsgewalt über. Mit dem Mauerbau wurde West-Staaken samt seiner Dorfkirche von 1712 vom Mutterbezirk abgenabelt. So kam es, dass der Grenzübergang für den Transitweg nach Hamburg an der Heerstraße eigentlich mitten auf Berliner Gebiet lag. Durch die Vereinigung wurde West-Staaken wieder ein Teil Berlins. Mauer und Kontrollstelle sind verschwunden.

In an exchange of territories at the end of 1945, the western part of Staaken in Spandau came under Soviet rule. The construction of the Wall isolated West Staaken and its village church dating from 1712 from Spandau and the rest of Staaken. Thus, the border crossing on Heerstrasse for the transit route to Berlin was actually on land owned by Berlin. In the process of reunification, West Staaken became part of Berlin again. The Wall and the border crossing point have now disappeared.

Par un échange de territoire, la partie ouest de Staaken, quartier de Spandau, tomba sous la domination soviétique fin 1945. Avec la construction du mur, West-Staaken et sa petite église datant de 1712 furent coupées de leur arrondissement. C'est la raison pour laquelle le passage frontière pour la voie de transit vers Hambourg dans la Heerstrasse, était en plein territoire berlinois. Avec la réunification, West-Staaken redevint une partie de Berlin. Le mur et le poste de contrôle ont disparu.

Staaken 1999

1989

STAAKEN STAAKEN STAAKEN STAAKEN STAAKEN STAAKEN STAAKEN STAAKEN STAAKEN STAAK

1984

Die Abriegelung der Sacrower Heilandskirche zeigte die ganze Absurdität der Teilung. Obwohl am Westufer der Havel – also auf DDR-Gebiet – gelegen, wurde das Bauwerk von Ludwig Persius durch die Mauer vom Dorf Sacrow abgesondert. Die zwischen 1841 und 1844 erbaute Heilandskirche war damit nicht einmal für die Gemeinde zugänglich. Schon vor dem Mauerfall mit westlicher Hilfe restauriert, konnte bereits zum Heiligabend 1989 der erste Gottesdienst in dem Baudenkmal gefeiert werden.

The isolation of the Heilandskirche (Saviour's Church) in Sacrow showed the absurdity of the divided Germany. It was on the west bank of the Havel—on GDR territory—but the church built by Ludwig Persius between 1841 and 1844 was cut of from the village of Sacrow by the Wall, so not even the church members could get to it. The church was restored with western assistance even before the Wall came down, and the first service in the listed building was held on Christmas Eve in 1989.

L'enfermement de l'église Heiland de Sacrow prouvait l'absurdité de la division. Bien que situé sur la rive ouest de la Havel, donc en RDA, l'édifice de Ludwig Persius fut isolé du village de Sacrow par le mur. Construite entre 1841 et 1844, l'église de Heiland n'était donc pas accessible à la communauté. Restaurée avec les aides de l'Ouest avant la chute du mur, le premier service religieux fut célébré le soir de Noël 1989 dans ce monument historique.

DSKIRCHE
SACROWER HEILANDSKIRCHE
SACROWER HEILANDSKIRCHE SA

Heilandskirche 1966

1999

HEILANDSKIRCHE SACROWER HEILANDSKIRCHE SACROWER HEILANDSKIRCHE SACROWER HEILANDSK

GLIENICKER BRÜCKE

Nicht weit von der Heilandskirche entfernt liegt die Glienicker Brücke, die Berlin mit Potsdam verbindet. Das 1907 errichtete Bauwerk war ein legendärer Schauplatz des Kalten Krieges. Über sie tauschten die USA und die Sowjetunion Spione aus. Der größte Agentenaustausch fand am 12. Juni 1985 statt. Damals wechselten 27 Personen die Seiten, davon 23 in Polen und der DDR inhaftierte US-Spione von Ost nach West, vier in die Gegenrichtung. Heute ist die Brücke eine unspektakuläre, aber attraktive Verbindung nach Potsdam.

Not far from the Heilandskirche is Glienicke Bridge, which links Berlin and Potsdam. The bridge was built in 1907 and became a legendary location in the Cold War as the point where the USA and the Soviet Union exchanged spies. The largest exchange involved 27 agents on 12th June 1985 – 23 US spies who were imprisoned in Poland and the GDR and were released to the West, and four persons were released to the East. Today the bridge is an unspectacular but attractive spot on the road to Potsdam.

Non loin de l'église Heiland se trouve le Pont de Glienicke qui relie Berlin à Potsdam. L'édifice construit en 1907 fut un des lieux légendaires de la guerre froide. Ici, les Etats-Unis et l'Union Soviétique échangèrent des espions. L'échange d'agents le plus important eut lieu le 12 juin 1985. Ce jour là, 27 personnes changèrent de côté: d'est en ouest, 23 espions américains détenus en Pologne et en RDA, et 4 dans l'autre sens. Aujourd'hui, le pont est une liaison peu spectaculaire mais attirante vers Potsdam.

Glienicker Brücke 1999

RÜCKE GLIENICKER BRÜCKE GLIENICKER BRÜCKE GLIENICKER BRÜCKE GLIENICKER BRÜCKE GLIENIC

1977

Steinstücken 1999

STEINSTÜCKEN/DREILINDEN

EILINDEN STEINSTÜCKEN/DREILINDEN STEI

1972

Wichtigstes Ausfalltor der West-Berliner Richtung Bundesrepublik Deutschland war der Kontrollübergang Dreilinden. Bis in die 80er Jahre verlief im Südwesten Berlins die einzige Autobahnverbindung zum Transitweg durch die DDR. Anstelle der Mauer, die die Trasse bis zum DDR-Kontrollpunkt Drewitz abgeschirmt hatte, entstand eine Schallschutzmauer. Das ehemalige Gelände der Kontrollanlage wird heute als Gewerbepark genutzt. Normalität herrscht auch wieder auf dem Weg zur einstigen Exklave Steinstücken.

The most important exit from the city for people travelling from West Berlin to the Federal Republic was at Dreilinden. Until the 1980 s, the only motorway link to the transit route through the GDR left Berlin in the south-west. The wall which once isolated the road to the GDR crossing point at Drewitz has been replaced by a sound protection wall. The former border crossing point is now being used as a business park. Things are also normal on the route to the former exclave of Steinstücken.

Le poste de contrôle Dreilinden était une porte de sortie importante vers la République fédérale pour les Berlinois. Jusqu'aux années 80, la seule liaison autoroutière vers la voie de transit à travers la RDA passait au sud-ouest de Berlin. A la place du mur qui avait isolé et enfermé les voies jusqu'au point de contrôle de RDA Drewitz, un mur anti-bruit fut élevé. Aujourd'hui l'ancienne zone de contrôle sert de parc d'activités. La normalité est également revenue dans l'ancienne „exclave" Steinstücken.

Dreilinden 1999

1969

Im äußersten Südosten von West-Berlin lag die direkte Verbindung zu dem Flughafen Ost-Berlins. Über die Waltersdorfer Chaussee in Neukölln führt heute noch der Weg zum Flughafen Schönefeld, der zum internationalen Großflughafen ausgebaut wird. Neben der Chaussee, auf einem der wenigen unbebauten Gebiete der Mauerstadt, wurde noch vor der Vereinigung eine Wohnsiedlung geplant.

The direct link to East Berlin airport was in the extreme south-east of West Berlin. Even now, Waltersdorfer Chaussee in Neukölln is still the main road to Schönefeld Airport, which will become a major international airport. Next to the road on one of the few undeveloped areas in the walled city, plans for a residential estate were drawn up even before reunification.

A l'extrême sud-est de Berlin-Ouest se trouvait la connexion directe pour l'aéroport de Berlin-Est. La route de l'aéroport de Schönefeld, qui est transformé actuellement en aéroport international, passe toujours par la Waltersdorfer Chaussee à Neukölln. A côté de la Chaussée, sur l'un des rares terrains non contruits de la ville du mur, un lotissement fut encore projeté avant la réunification.

WALTERSDORFER CHAUSSEE

Waltersdorfer Chaussee 1963

2004

Sonnenallee 1989

SONNENALLEE

Der Grenzübergang Sonnenallee gehörte zu den sieben Übergängen zwischen West- und Ost-Berlin. Nach dem Abriss der Grenzanlagen ist an der Straße zwischen Neukölln und Treptow nichts mehr von der Teilung zu spüren.
Nur eine Gedenktafel im Boden der Straße erinnert an den Tag der Maueröffnung.

Sonnenallee border crossing was one of the seven crossing points between West and East Berlin. But the border fortifications have been pulled down, and no traces of division are now visible on the road between Neukölln and Treptow.
A commemorative plaque on the ground is the only reminder of the day when the Wall was opened.

Le point de passage Sonnenalle compte parmi les 7 passages entre Berlin-Ouest et Est. Après la démolition des installations frontalières, il n'apparait plus rien dans la rue de la division, entre Neuköln et Treptow. Seule, une plaque enfoncée dans le sol de la rue rappelle le jour de l'ouverture du mur.

2007

Heidelberger Straße 1981

Kaum fassbar, dass diese Straße in Berlin-Treptow einmal zu den rabiatesten und menschenverachtendsten Grenzanlagen der Welt gehörte. Nicht nur mit Mauer und Stacheldraht ging hier die DDR zu Werke, sogar ein Graben entstand in der Heidelberger Straße. Stählerne Nagelgitter und Panzersperren machten den Todesstreifen unpassierbar. Heute fahren hier Autos entlang – wie auf jeder anderen Straße Berlins: Normalität statt Schrecken. Ein Gewerbebau von Siemens entstand auf Treptower Gebiet.

It is hard to believe that this street in Treptow was once part of the most brutal and inhuman border fortifications of the world. The GDR not only used concrete and barbed wire, they even dug a trench through Heidelberger Strasse. Steel nail grids and anti-tank obstacles made the death strip impassable. Today, cars drive through the street as they do anywhere in Berlin. Normality instead of terror. An industrial building has been built by Siemens on the Treptow side.

A peine imaginable que cette rue de Treptow ait pu un jour compter parmi les frontières les plus terribles et les plus inhumaines du monde. Il n'y avait pas que le mur et le barbelé. La RDA avait même fait creuser un fossé dans la Heidelberger Strasse. Des grilles aux piquants d'acier et des barrières antichars rendaient le zone mortelle impossible à traverser. Aujourd'hui, les voitures roulent comme sur toutes les routes de Berlin. Normalité plutôt qu'horreur. A Treptow, Siemens a construit un bâtiment industriel.

STRASSE HEIDELBERGER STRASSE HEIDELBERGER STRASSE HEIDELBERGER S

1999

1969

HEIDELBERGER STRASSE HEIDELBERGER STRASSE HEIDELBERGER STRASSE HEIDELBERGER STRASSE

2007

1981

2004

Görlitzer Brücke 1990

GÖRLITZER BRÜCKE

1969

Einst fuhren über die Brücke am Landwehrkanal die Züge in Richtung Görlitz. Gleich hinter dem Görlitzer Bahnhof, im West-Berliner Bezirk Kreuzberg gelegen, war sie jedoch ab 1961 Sackgasse. Hinter der Eisenbahnbrücke war Ost-Berliner Gebiet. Während der Bahnhof zu Mauerzeiten abgerissen wurde und stattdessen ein Park entstand, wurde die verschwundene Brücke nach dem Mauerfall erneuert. Diesmal jedoch als Fußgängerweg, der nach Treptow führt.

The bridge over the Landwehrkanal once carried trains heading towards Görlitz. It is situated just after Görlitz station in the West Berlin district of Kreuzberg, but in 1961 it became a dead end. Beyond the bridge was East Berlin territory. The station was pulled down and replaced by a park during the period when the Wall still stood, but the bridge was rebuilt after the fall of the Wall – but now it is just a pedestrian bridge leading to Treptow.

Jadis les trains pour Görlitz passaient sur le pont du Landwehrkanal. Juste derrière la gare de Görlitz, qui se trouvait à Kreuzberg, quartier de Berlin-Ouest, il devint cependant impasse dès 1961. Derrière le pont de chemin de fer, c'était Berlin-Est. Alors que la gare fut détruite à l'époque du mur et qu'un parc y vit le jour, le pont disparu fut, après la chute du mur, reconstruit. Pont piétonnier cette fois, menant à Treptow.

2007

Oberbaumbrücke 1962

OBERBAUMBRÜCKE

Trennen statt verbinden musste die Oberbaumbrücke über der Spree die Bezirke Kreuzberg und Friedrichshain bis 1989. Nach dem Mauerfall wurde das 1896 errichtete Bauwerk restauriert. Die stark kriegsgeschädigte „Grenzbrücke" erhielt ihre markanten Turmaufbauten im Stil der Backstein-Gotik zurück. Den modernen Mittelteil der Brücke entwarf der Spanier Santiago Calatrava. Seit Herbst 1995 fährt die U-Bahn, die durch den Mauerbau vom Bahnhof Warschauer Straße abgeschnürt war, wieder über die Oberbaumbrücke.

Until 1989, the Oberbaumbrücke bridge over the Spree divided Kreuzberg from Friedrichshain instead of linking the two districts. The "border bridge" dating from 1896 was heavily damaged in the Second World War. After the fall of the Wall it was restored and its "brick-built Gothic" towers were rebuilt. The modern middle section was designed by Santiago Calatrava from Spain. The underground railway, which was separated from Warschauer Strasse station by the Wall, now crosses the bridge again.

Jusqu'en 1989, le Oberbaumbrücke sur la Spree sépara plutôt qu'il ne relia les quartiers de Kreuzberg et Friedrichshain. Après la chute du mur, l'édifice construit en 1896 fut restauré. Le „pont-frontière", fortement endommagé pendant la guerre, retrouva sa tour de briques si particulière, de style gothique. L'Espagnol Santiago Calatrava conçut la partie moderne, située en son centre. Depuis l'automne 1995, le métro, qui était coupé par le mur de la station Warschauer Strasse traverse à nouveau le pont Oberbaum.

2004

OBERBAUMBRÜCKE OBERBAUMBRÜCKE OBERBAUMBRÜCKE OBERBAUMBRÜCKE OBERBAUMBRÜCKE

OBERBAUMBRÜCKE OBERBAUMBRÜCKE OBERBAUMBRÜCKE OBERBAUMBRÜCKE OBERBAUMBRÜCKE

1989

Gröbenufer 1999

Zwischen Oberbaumbrücke und Ostbahnhof zieht sich heute eine Mauer-Attraktion entlang: die East-Side-Gallery. Das 1,3 Kilometer lange Mauerband, an der Mühlenstraße im Ostteil der Stadt gelegen, wurde 1990 von zahlreichen Künstlern bunt bemalt. Wegen der vielbefahrenen Hauptstraße und mutwilliger Zerstörung sind etliche Wandgemälde fast unkenntlich geworden. Ein Teilstück wurde zudem versetzt, um für einen neuen Weg Platz zu schaffen.

Between Oberbaumbrücke and Ostbahnhof there is now a long attraction which commemorates the Wall: the East-Side-Gallery. This 1.3 kilometer stretch of wall on Mühlenstrasse in the eastern part of the city was brightly illustrated by numerous painters in 1990. Because of the busy main road and wanton destruction, some of the wall paintings are now almost unrecognisable. One segment was repositioned to make room for a new path.

Entre le pont Oberbaumbrücke et la gare de l'Est se déroule aujourd'hui une attraction du mur: la East-Side-Gallery. Les 1300 mètres du mur, situé Mühlenstrasse dans la partie est de la ville, furent peints par de nombreux artistes en 1990. La circulation très dense et la destruction intentionnelle ont rendu presque méconnaissables nombre de peintures murales. D'autre part, une partie a été déplacée pour faire place à une nouvelle voie piétonne.

 EAST-SIDE-GALLERY EAST-SIDE-GALLERY EAST-SIDE-GALLERY EAST-SID

Mühlendamm 1983

East-Side-Gallery 1990

2004

RY EAST-SIDE-GALLERY EAST-SIDE-GALLERY EAST-SIDE-GALLERY EAST-SIDE-GALLERY EAST-SIDE-GA

2007

Ostbahnhof 1983

OSTBAHNHOF

Der Bahnhof, der am östlichen Ende der Stadtbahn liegt, die Berlin durchzieht, befand sich durch den Mauerbau an der Peripherie von Ost-Berlin. Vor dem Haupteingang die DDR-Staatsgrenze, hinten sozialistische Wohnscheiben-Tristesse. Heute ist die Gegend am Ostbahnhof ein modernes Bahnhofsviertel. Die Station wurde aufwendig umgebaut und bekam ein Intercity-Hotel, zahlreiche Bürogebäude entstanden im Umfeld.

The Wall placed the station at the eastern end of the city railway through Berlin on the edge of East Berlin. In front of the main entrance was the GDR state border, behind it was the monotony of Socialist residential blocks.
The neighbourhood around the Ostbahnhof has been modernised. The train station was extensively renovated and an Intercity Hotel was added. A number of new office buildings have also been erected in the area.

La gare, située à l'extrémité est de la S-Bahn qui traverse Berlin, se trouva, avec la construction du mur, à la périphérie de Berlin-Est. Devant l'entrée principale, la frontière de la RDA; derrière, la tristesse socialiste des appartements. Aujourd'hui, le quartier autour de l'Ostbahnhof est un ensemble moderne. La gare a été transformée à grands frais et abrite un hôtel Intercity. De nombreux bureaux ont été construits à proximité.

2004

BETHANIENDAMM

BETHANIENDAMM BETHANIENDAMM BETHANIENDAMM

St.-Thomas-Kirche 1988

Die Trostlosigkeit der Mauer wurde besonders im östlichen Bereich Kreuzbergs sichtbar. Von drei Seiten war das Stadtviertel eingeschlossen. Verloren ging dabei auch der Zugang zu einem Kleinod der Innenstadt: Entlang des Bethaniendamms lag der zugeschüttete Luisenstädtische Kanal, der 1925 zu einem beliebten Park begrünt wurde. Der Todesstreifen begrub den Park unter sich. Stück für Stück wurde der Grünzug neben der St.-Thomas-Kirche (1845 bis 1850 erbaut) nach der Beseitigung der Grenze wiederhergestellt.

The desolation of the Wall was particularly apparent in the eastern parts of Kreuzberg. The area was enclosed on three sides by the Wall. This also took away its access to a jewel of the inner city: Along Bethaniendamm was the line of the former Luisenstädtischer Kanal which had been filled in and made into a popular green park in 1925. The death strip buried the park. After the border was removed, the area of greenery next to St. Thomas church (built 1845–1850) was gradually restored.

C'est dans l'est de Kreuzberg que la tristesse du mur était la plus frappante. Le quartier était enfermé sur trois côtés. L'accès à un joyau du centre-ville s'en trouvait interdit: le long du Bethaniendamm se trouvait le Luisenstädtischer Kanal, comblé et transformé en 1925 en un parc apprécié. La zone mortelle englobait le parc. Après la suppression de la frontière, cette bande de verdure a été progressivement reconstituée aux abords de l'église St. Thomas construite quant à elle entre 1845 et 1850.

1981

ENDAMM BETHANIENDAMM BETHANIENDAMM BETHANIENDAMM BETHANIENDAMM BETHANIENDAMM BE

2007

Bethaniendamm 1982

1999

2004

Engelbecken 2007

ENGELBECKEN

Heute erinnert nichts mehr daran, dass das wassergefüllte und begrünte Engelbecken einst öder Todesstreifen war. Die von Grün wenig verwöhnten Kreuzberger nutzen gern die Anlage, in der denkmalsgerecht ein indischer Brunnen wiederaufgebaut wurde. Auf dem ehemaligen Grenzstreifen am Legiendamm entstanden zahlreiche Wohnhäuser, die dem Straßenzug wieder seine Form zurückgeben. Das Gewerkschaftshaus am Engeldamm, 1927 bis 1930 nach Plänen von Bruno und Max Taut gebaut, ist wieder eine Augenweide.

Today, nothing more suggests that the water-filled and landscaped Engelbecken was once a barren death strip. Kreuzberg has little vegetation, so this park with its faithfully reconstructed Indian fountain is a popular site. Residential buildings are being built again on the former border strip at Legiendamm. The trade union building on Engeldamm, built in 1927–1930 to plans by Bruno and Max Taut, is again a feast for the eyes.

Aujourd'hui, plus rien ne rappelle que ce bassin rempli d'eau et entouré de verdure fut jadis englobé dans la zone mortelle. Les habitants de Kreuzberg, peu gâtés en espaces verts, apprécient ce parc dans lequel on a reconstruit la fontaine indienne. Sur l'ancienne frontière, sur le Legiendamm, des maisons ont été construites, redonnant à la rue son allure. La Maison des Syndicats sur le Engeldamm, construite entre 1927 et 1930 sur les plans de Bruno et Max Taut est à nouveau un régal pour les yeux.

2007

Leuschnerdamm 1981

Dresdener Straße 1968

ENGELBECKEN ENGELBECKEN ENGELBECKEN ENGELBECKEN ENGELBECKEN ENGELBECKEN ENGELBECKEN

2004

Engeldamm 1969

ECKEN ENGELBECKEN ENGELBECKEN ENGELBECKEN ENGELBECKEN ENGELBECKEN ENGELBECKEN ENGELBE

2007

Die brutale Wirkung der Stadtteilung auf historisch gewachsene Quartiere der Innenstadt war an der Heinrich-Heine-Straße besonders schmerzlich zu spüren. Die rücksichtslose Schneise des Todesstreifens zerschnitt die mehr als 250 Jahre alte Luisenstadt in zwei Welten. Wuchtige Plattenbauten der DDR und wilhelminische Mietskasernen treffen nördlich des Moritzplatzes aufeinander. Mit dem Bau eines Wohnkomplexes südlich der Annenstraße konnte die Narbe des alten Grenzlandes etwas verheilen.

The brutal effect which the division of the city had on historical inner city districts could be painfully felt on Heinrich-Heine-Strasse. The merciless course of the death strip tore the 250 year old Luisenstadt area asunder. Unwieldy concrete slab GDR buildings and dense tenement blocks from the Wilhelm period met to the north of Moritzplatz. The construction of a residential complex south of Annenstrasse helped to somewhat heal the scar left by the old border grounds.

La brutalité de la division de la ville dans les quartiers historiques du centre se faisait particulièrement douloureusement sentir dans la Heinrich-Heine-Strasse. Le passage inconsidéré de la zone mortelle coupa la Luisenstadt, vieille de 250 ans, en deux mondes. Les lourds HLM de l'époque de la RDA et les maisons-casernes de l'époque wilhelminienne se heurtent au nord de la Moritzplatz. La construction d'un complexe de logements au sud de l'Annenstrasse a permis d'estomper quelque peu les cicatrices de l'ancien paysage frontalier.

-STRASSE **HEINRICH-HEINE-STRASSE** HEINRICH-HEINE-STRASSE HEINRICH-H

Heinrich-Heine-Straße 1986

2004

Kommandantenstraße 1968

KOMMANDANTENSTRASSE

1999

Durch den Mauerbau wurden etliche Straßen zu düsteren Gassen, die nur wenige als Fußweg nutzten. Deshalb scheute man sich in West-Berlin lange Jahre davor, direkt neben der Mauer zu bauen. Zusammen mit dem ehemaligen Grenzgelände entstand nach der Wende südlich vom Spittelmarkt somit ein riesiges Bauareal. Die Erweiterung der Bundesdruckerei in der Kommandantenstraße mit der ziegelsteinverkleideten Fassade der Architekten BHHS & Partner gehört zu den spannungsreichsten Bauten des neuen Berlin.

The construction of the Wall made some streets into dark alleys which only a few intrepid souls used as pathways. For many years, people in West Berlin were reluctant to build next to the Wall. This factor and the former border land created an enormous area of building land south of Spittelmarkt after the fall of the Wall. The extension of the Federal Printing Works in Kommandantenstrasse, with the brick facade designed by BHHS & Partner, is one of the most dynamic buildings of the new Berlin.

Avec la construction du mur, nombre de rues devinrent des ruelles peu empruntées par les piétons. C'est pour cette raison que longtemps à Berlin-Ouest, on n'osa pas construire le long du mur. C'est ansi qu'après le „tournant", avec l'ancienne frontière, on disposa d'un immense terrain constructible au sud du Spittelmarkt. L'extension de l'Imprimerie Fédérale, dans la Kommandantenstrasse, et sa façade de briques, des architectes BHHS & Partner compte parmi les réalisations les plus intéressantes du nouveau Berlin.

RASSE KOMMANDANTENSTRASSE KOMMANDANTENSTRASSE KOMMANDANTENSTRASSE KOMMANDAN

Bundesdruckerei 1999

Axel-Springer-Haus 1966

2004

KOCHSTRASSE

STRASSE KOCHSTRASSE KOCHSTRASSE KOCHSTRASSE KOCHSTRASSE

Der Zeitungsverleger Axel Springer setzte mit dem Bau seines Verlagshauses direkt an der Mauer in der Kochstraße bewusst ein sichtbares Zeichen. Das goldglänzende, 19-geschossige Hochhaus, zwischen 1961 und 1966 gebaut, sollte den unbeugsamen Freiheitswillen der West-Berliner signalisieren. Die Antwort der DDR-Regierung waren vier Hochhauspaare entlang der nahen Leipziger Straße. Nach dem Mauerfall baute der Springer-Verlag seine Berliner Repräsentanz schrittweise aus. Rings um den goldenen Turm entstanden Bürobauten.

The publisher Axel Springer was deliberately symbolic when he built his company headquarters next to the Wall in Kochstrasse. The shining 19 storey tower building, built between 1961 and 1966, was designed to express the immutable will to freedom of the West Berliners. The GDR government responded with four pairs of tower buildings on Leipziger Strasse. After the Wall fell, the Springer publishing house gradually expanded its offices in Berlin. Office buildings were erected all around the golden tower.

Le géant de la presse, Axel Springer, en implantant volontairement ses bureaux juste à côté du mur, voulait signifier quelque chose: l'immeuble de 19 étages, brillant comme de l'or, construit entre 1961 et 1966 symbolisait l'inébranlable désir de liberté des Berlinois de l'Ouest. En réponse, la RDA planta 4 paires d'immeubles sur la Leipziger Strasse voisine. Après la chute du mur, l'éditeur Springer Verlag agrandit progressivement sa représentation berlinoise. Des bureaux ont été construits autour de la tour dorée.

Kochstraße ca. 1978

KOCHSTRA

SE KOCHST

2004

Zimmerstraße 1999

1986

ZIMMERSTRASSE

ZIMMERSTRASSE ZIMMERSTRASSE ZIMMERSTRASSE

Aus dem Todesstreifen hinter dem Springer-Verlag, der die historische Friedrichstadt in zwei Bereiche teilte, ist wieder die normale Zimmerstraße geworden. Etliche Neubauten sind in den letzten Jahren entstanden. So wurde der Gebäuderest des Verlagshauses Mosse nach dem Entwurf von 1921/22 ergänzt und rekonstruiert. Zwischen der Charlotten- und Markgrafenstraße wurde ein buntes Häuserkarree des Italieners Aldo Rossi realisiert. An dieser Stelle verblutete am 17. August 1962 der 18-jährige Peter Fechter im Grenzstreifen.

The death strip behind the Springer building, which split the historic Friedrichstadt into two, is now Zimmerstrasse again. Some new buildings have arisen over the last few years, such as the building of the Mosse publisher designed in 1921/22 which has been supplemented and reconstructed. The brightly coloured block between Charlottenstrasse and Markgrafenstrasse was designed by the Italian Aldo Rossi. On 17th August 1962, the 18 year old Peter Fechter bled to death at this point on the border.

Le zone mortelle derrière les Editions Springer, qui divisait la vieille Friedrichstadt en deux, est redevenu la très normale Zimmerstrasse. De nombreux immeubles y ont été construits ces dernières années. Le reste de la maison d'édition Mosse fut reconstruit et complété selon les plans de 1921/22. Entre la Charlotten et la Markgrafenstrasse fut réalisé par l'architecte italien Aldo Rossi un carré de maisons colorées. C'est à cet endroit de la zone-frontière que mourut le 17 août 1962 Peter Fechter, âgé de 18 ans.

1999

STRASSE ZIMMERSTRASSE ZIMMERSTRASSE ZIMMERSTRASSE ZIMMERSTRASSE ZIMMERSTRASSE

1961

Checkpoint Charlie 1987

CHECKPOINT CHARLIE

CHECKPOINT CHARLIE CHECKPOINT CHARLIE CH

Friedrichstraße 2004

Dieser Grenzübergang an der Friedrichstraße, der nur von Ausländern und den Alliierten passiert werden konnte, ist noch heute der bekannteste Kontrollposten. Im Oktober 1961 eskalierte hier die Konfrontation zwischen den US-Truppen und der Sowjetarmee. Panzer standen sich gegenüber. Statt der Abfertigungshallen stehen heute Bürogebäude auf dem Grenzareal. Wiederaufgebaut wurde ein Kontrollhäuschen der US-Armee. Im Mauermuseum (Ecke Kochstraße) sind Exponate zu Mauer und Flucht ausgestellt.

This border crossing on Friedrichstrasse, which could only be used by foreigners and the Allies, is still the most famous control point. The confrontation between the US troops and the Soviet army escalated here in October 1961 when tanks faced off against each other. But now the former border area has office buildings instead of border huts. A control hut of the US army has been reconstructed. The Wall Museum (at the corner of Kochstrasse) exhibits objects relating to the Wall and escape attempts.

Ce poste-frontière de la Friedrichstrasse, que ne pouvaient emprunter que les étrangers et les alliés est aujourd'hui encore le plus célèbre. Ici, en octobre 1961, la confrontation entre les troupes américaines et soviétiques s'intensifia. Les chars se faisaient face. Là où se trouvaient les bâtiments de la douane s'élèvent des bureaux. Une guérite militaire américaine a été reconstruite. Au Musée du mur (à l'angle de la Kochstrasse) des objets relatifs au mur et aux évasions sont exposés.

MILITARY POLICE
MILITARY POLICE
04 XK 18
ALLIED
CHECKPOINT CHARLIE
THE AMERICAN SECTOR

1986

ADLER
Café Adler
ASIA-SNACK
Kochstraße 65
Zimmerstraße
CHECKPOINT CHARLIE
726 165

POINT
YOU ARE LEAVING
THE AMERICAN SECTOR
ВЫ ВЫЕЗЖАЕТЕ ИЗ
АМЕРИКАНСКОГО СЕКТОРА
VOUS SORTEZ
DU SECTEUR AMÉRICAIN
VERLASSEN DEN AMERIKANISCHEN SEKTOR
FRITZ PALM
büro-total
Bürobedarf
Bürotechnik
Büromöbel
Check in, Charlie!

2007

MARTIN-GROPIUS-BAU

MARTIN-GROPIUS-BAU MARTIN-GROPIUS-BA

Am westlichen Ende der Zimmerstraße, Niederkirchnerstraße genannt, trennte die Mauer zwei prachtvolle Altbauten. Der Martin-Gropius-Bau auf ehemals West-Berliner Gebiet wird für wechselnde Ausstellungen genutzt. Der ehemalige Preußische Landtag, der, im Ost-Berliner Grenzbereich liegend, streng bewacht wurde, ist heute Sitz des Berliner Parlaments. Im benachbarten Dokumentationszentrum „Topographie des Terrors" können Spuren der Verbrechenszentralen aus der NS-Zeit besichtigt werden. Am Straßenrand steht ein 80 Meter langes Stück Originalmauer.

On Niederkirchnerstrasse, the Wall separated two splendid old buildings. The Martin Gropius building in former West Berlin is used for temporary exhibitions. The former Prussian state parliament building, which was located in the East Berlin border area and kept under careful surveillance, is today the seat of the Berlin parliament. The neighboring documentation center "Topography of Terror" exhibits evidence of the Nazi criminal headquarters that were located here. An 80-meter long piece of the original Wall stands on the edge of the street.

Au bout de la Zimmerstrasse, appelée Niederkirchnerstrasse, vers l'ouest, le mur séparait deux splendides édifices. Le Martin-Gropius-Bau, situe dans l'ancien Berlin-Ouest est utilisé pour des expositions temporaires. L'ancienne Diète de Prusse située à Berlin-Est était étroitement surveillée, elle est aujourd'hui le siège de la Chambre des Députés de Berlin. Dans le centre de documentation voisin „Topographie des Terrors", les traces de la centrale du crime de l'époque nationale socialiste sont visibles. Le long de la rue se dresse un tronçon de 80 mètres du Mur d'origine.

Preußischer Landtag, Martin-Gropius-Bau 2004

1988

1988

„Topographie des Terrors“ 2007

MARTIN-GROPIUS-BAU MARTIN-GROPIUS-BAU MARTIN-GROPIUS-BAU MARTIN-GROPIUS-BAU MARTIN-GROPIUS-BA

2007

Am Potsdamer Platz riss die DDR am 12. November 1989 das erste Stück der Berliner Mauer heraus. Heute erinnert nichts mehr an den riesigen, öden Todesstreifen, der das Herz Berlins unter sich begrub. Die Bauherren Daimler-Chrysler, Sony und Beisheim errichteten an dem legendären Platz ein pulsierendes Stadtzentrum – ein Symbol für den Behauptungswillen Berlins gegen die Folgen einer 28 Jahre währenden Teilung.

Potsdamer Platz was where the GDR pulled down the first piece of the Wall on 12th November 1989. Today nothing recalls the huge, dull death strip that buried the heart of Berlin beneath it. Daimler-Chrysler, Sony and Beisheim erected a bustling city centre on the legendary plaza – a symbol of Berlin asserting itself against the consequences of a 28 year division.

Sur la Potsdamer Platz, le 12 novembre 1989, la RDA fit tomber le premier morceau de mur. Aujourd'hui, plus rien ne rappelle l'immense et déserte zone mortelle qui ensevelissait le cœur de Berlin. Les maîtres d'ouvrage Daimler-Chrysler, Sony et Beisheim ont édifié sur la place légendaire un centre-ville animé qui symbolise la volonté de Berlin de s'affirmer face aux conséquences de 28 années de division.

ER PLATZ **POTSDAMER PLATZ** POTSDAMER PLATZ POTSDAMER PLATZ POTSDAMER

Potsdamer Platz/Leipziger Platz 2007

2004

POTSDAMER PLATZ POTSDAMER PLATZ POTSDAMER PLATZ POTSDAMER PLATZ POTSDAMER PLATZ

2006

1987

WER
DIE STAATSGRENZE
MIT GEWALT
EINRENNEN WILL/
WER AN DER MAUER
PROVOZIERT/
MACHT ALLES
NUR SCHLIMMER !

1966

S-Bahnhof Potsdamer Platz 1999

POTSDAMER PLATZ POTSDAMER PLATZ POTSDAMER PLATZ POTSDAMER PLATZ POTSDAMER PLATZ

1990

1999

Der „Berliner Mauerweg“ führt entlang der 160 Kilometer Grenztrasse, die einst West-Berlin umschloss. In der Innenstadt durch Kopfsteinpflaster im Straßenbelag markiert, befinden sich an der Route Informationsschilder, Gedenktafeln und Reste der Mauer. Die offizielle Gedenkstätte liegt in der Bernauer Straße und das private Museum „Haus am Checkpoint Charlie“ in der Friedrichstraße. Im Invalidenpark, nahe dem ehemaligen Grenzübergang, wurde ein Mahnmal errichtet. Kreuze am Reichstag erinnern an die zahlreichen Mauertoten. In der Niederkirchnerstraße und am Potsdamer Platz sind erhaltene Teile der Mauer zu sehen, an der East-Side-Gallery wurde sie zur Leinwand. Im Schlesischen Busch in Treptow steht ein Wachturm.

The "Berlin Wall Path" runs along the 160-meter long border strip that once enclosed West Berlin. In the city center the route, marked by pebble stones set into the pavement, is accompanied by information panels, memorial plaques and remains of the Wall. The official memorial site is located at Bernauer Strasse and the private Museum "House at Checkpoint Charlie" stands on Friedrichstrasse. A monument was erected in the Invalidenpark, near the former border crossing. Crosses at the Reichstag recall the many deaths at the Wall. Sections of the Wall can be seen at Niederkirchnerstrasse and Potsdamer Platz and at the East-Side-Gallery. A watchtower still stands at Schlesischer Busch in Treptow.

Le „chemin du Mur de Berlin“ longe le tracé frontalier de 160 kilomètres qui encerclait jadis Berlin-Ouest. Au centre ville, il est marqué par des pavés dans le revêtement de la chaussée et le long de l'itinéraire se trouvent des panneaux d'information et des plaques commémoratives ainsi que des restes du Mur. Le site commémoratif officiel se situe dans la Bernauer Strasse et le musée privé „Haus am Checkpoint Charlie“ sur la Friedrichstrasse. Au parc des Invalides, un mémorial a été érigé à proximité de l'ancien poste frontière. Des croix près du Reichstag rappellent les victimes du mur. Dans la Niederkirchnerstrasse et sur la Potsdamer Platz des pans de mur conservés sont visibles. Sur la East-Side-Gallery, le mur a servi de toile.

MAUERGEDENKEN

Mauergedenkstätte 2006

Bildergalerie am Checkpoint Charlie 2007

Checkpoint Charlie 2007

Schlesischer Busch 2007

Invalidenpark 1999

Potsdamer Platz 2007

East-Side-Gallery 2007

MAUERGEDENKEN MAUERGEDENKEN MAUERGEDENKEN MAUERGEDENKEN MAUERGEDENKEN MAUER

Leipziger Platz 2007

Bundespressekonferenz 2007

East-Side-Gallery 2007

EN MAUERGEDENKEN MAUERGEDENKEN MAUERGEDENKEN MAUERGEDENKEN MAUERGEDENKEN MA

Gedenkkreuze Spree 2007

Scharnhorststraße 2007

MAUERGEDENKEN MAUERGEDENKEN MAUERGEDENKEN MAUERGEDENKEN MAUERGEDENKEN

Martin-Gropius-Bau 2007

AlliiertenMuseum 1999

DIE AUTOREN

Dr. Gabriele Camphausen
Die promovierte Historikerin war von 1998 bis 2001 Geschäftsführende Direktorin der Stiftung Topographie des Terrors und ist seit 2002 Fachbereichsleiterin für Politische Bildung bei der Bundesbeauftragten für die Unterlagen des Staatssicherheitsdienstes der ehemaligen DDR. Sie führt den Vorsitz des Vereins „Berliner Mauer – Gedenkstätte und Dokumentationszentrum e. V.“.

Christian Bahr
Der 1964 geborene Journalist, der sich als Redakteur der „Berliner Morgenpost“ (1992–2001) vor allem den Themen Stadtplanung und Baupolitik widmete, wohnt als freischaffender Autor in Berlin. Im Jaron Verlag veröffentlichte er u. a. „Geteilte Stadt – Die Berliner Mauer“ (3. Aufl. 2008) und den Fotoband „Berlin – Die Mauer“ (2003).

Günter Schneider
Der 1955 geborene Fotograf hat mehrere Jahrzehnte hindurch die Entwicklung Berlins mit seinen Bilddokumentationen begleitet. Seine Spezialgebiete sind die Architektur- und die Luftbildfotografie. Im Jaron Verlag hat er zahlreiche Bildbände veröffentlicht, so „Berlin“ (2003), „Berlin in Luftbildern“ (2006) und „Berlin – Die Wiedergeburt einer Stadt (zusammen mit Christian Bahr, 2007).

REGISTER

BILDQUELLEN

Berliner Mauer – Archiv, Hagen Koch: S. 22 o., 23 o.
Bundesarchiv Koblenz: S. 34/35 o. (183/86085/1N)
Keystone: S. 56 u. (Zellmann)
Landesarchiv Berlin: 41 u., 55 u., 58 (Ludwig Ehlers); 64 o. (Thomas Grenz); 68 u., 93 (Edmund Kasperski); 21 u. (U. Kübisch); 81 o. (Lohse); 20 o. (Ingeborg Lommatzsch); 91 u. (Bert Sass); 26 u., 36 (Günter Schneider); 80 o., 84 o., 103 u. (Hans Seiler); S. 6 re., 18 li., 72 (Horst Siegmann); 12 (Johann Willa); 29 u. li., 40 re. , 45 u. , 61 o., 64 u. (Karl-Heinz Schubert); 54 u., 66
Michael Richter, Berlin: S. 27 u., 104 u.
Ullstein Bilderdienst: S. 6 li. (Peter Leibing), 42 (Andreas Hampel), 50 (Gert Hilde), 86 o. li., 87

Alle anderen Fotos in diesem Buch: Günter Schneider

Wedding
Tier-
garten
Mitte
Kreuzberg
HUMBOLDT-HAIN
TIERGARTEN
Wedding
Reinickendorfer Str.
Chausseestraße
Schwartzkopffstr.
Voltastr.
Bernauer Str.
Gedenkstätte Berliner Mauer
Nord-Bhf.
Zinnowitzer Str.
Rosenthaler Platz
Invalidenstraße
Hauptbahnhof
Humboldthafen
Oranienburger Str.
Oranienburger Tor
Weinmeisterstr.
Hackescher Markt
Friedrichstraße
Friedrichstr.
Bundeskanzleramt
Platz der Republik
Reichstagsgebäude
Weiße Mahnkreuze
Unter den Linden
Brandenburger Tor
Pariser Platz
Großer Stern
Holocaust-Mahnmal
Französ.Str.
Hausvogteiplatz
Stadtmitte
Märk.Museum
Mohrenstr.
Spittelmarkt
Kulturforum
Potsdamer Platz
Checkpoint Charlie
Mahnmal für Peter Fechner
Haus am Checkpoint Charlie
Mauerrest
Kochstraße
Anhalter Bhf.
Moritzplatz
Mehringplatz
Kurfürstenstr.
Nollendorfplatz
Gleisdreieck
Möckernbrücke
Prinzenstr.
Bülowstr.
Hallesches Tor
Mehringdamm
SPREE
LANDWEHRKANAL
22
24
28
34
18
20
12
100
96
92
90
86
84